AF560985

LYSANDRA
BOOKS
– LEIDENSCHAFTLICH PHANTASIEREN –

Christian von Aster

Harem der verschleierten Geschichten

Christian von Aster
Harem der verschleierten Geschichten, ISBN Print: 978-3-946376-79-8
überarbeitete und illustrierte Ausgabe;
Erstausgabe 2004, Midas Publishing

Knorrstr. 8, 04319 Leipzig
www.lysandrabooks.de

Coverdesign/Schubergestaltung: © Fabian Santner
Stockfotos Cover bzw. Kapitelgrafik via http://de.depositphotos.com/: 10644643, 459495334

Illustrationen: © Natalia Grebenjuk
Lektorat/Layout/Satz: Lysandra Books Verlag
Druck/Bindung: MCP www.mcpdruk.pl

Bibliographische Information der Deutschen Nationalbibliothek
Die Deutsche Nationalbibliothek verzeichnet diese Publikation in der Deutschen Nationalbibliografie; detaillierte bibliografische Daten sind im Internet über http://dnb.ddb.de abrufbar.

„Die Schönheit ist das Siegel, das der Schöpfer unter seine Werke setzt, wenn er mit ihnen zufrieden ist."

Rabindranath Tagore

Inhalt

Vorwort - 9
I. Im Zimmer des Dichters - 13
II. Chinesische Tinte - 23
III. Die Warnung des Baumeisters - 31
IV. Das Vorrecht des Dichters - 43
V. Der vollkommene Tanz - 55
VI. Drei Welten - 67
VII. Der Dieb im Dunkel - 79
VIII. Knecht und Herrin - 91
IX. Weiße Wölfe - 101
X. Falke im Käfig - 113
XI. In Ketten - 125
XII. Des Dichters Tod - 133
Über den Autor - 143

Vorwort

Dies ist ein wundersames, wunderbares Geschichtchen.

Und ich bin erstaunt und verwundert, was aus Deinem Herzen, Deinen Fingern gedeiht, mein lieber Herr von Aster. An so etwas muss man sich erst einmal heranwagen! An eine andere Welt!

An eine Welt, die wir ja so nicht kennen und auch nie wieder kennenlernen werden. Wir wissen um die Märchen aus tausendundeiner Nacht, kennen Schehrezâd. Ich kenne sogar ihren Palast. Habe ihn tausendmal besucht. Aber sie war nicht mehr da. Umso schöner, dass Du Geschichten erfindest, die auch sie hätte erzählen können. Umso schöner, dass Du Tore zur fiktiven Vergangenheit und Gegenwart öffnest. Ganz wie Karl May, der wohl nie im wilden Westen war und doch uns alles darüber erzählt hat.

Wir sind Kollegen und Freunde! Ja, ich würde Dir ohne jede Bedenken immer einen Buchstaben schenken! Aber Du hast ja selbst so viele davon. Ich bin erstaunt und habe Achtung vor Deinem Schaffen. Vor Deinen Worten und Deinen Buchstaben. Sie treffen. Mal ins Herz, mal ins Kreuz. Aber eigentlich immer froh und wohlgesonnen. Danke dafür!

Mein lieber Freund, wir kennen uns nun seit über 15 Jahren und immer wieder kreuzten sich unsere Wege. Mal ganz profan auf der Autobahn, mal in einer Kirchenruine, selten tatsächlich auf der Bühne und wenn doch, dann wurde es spaßig. Ich habe viele Deiner Sammelsurien und Geschichten gelesen. Manche habe ich sogar vorgelesen. Freilich immer mit dem Hinweis, dass sie von Dir stammen, denn nie würde ich mir anmaßen, solche Fertigkeiten zu adaptieren und sie als meine anzupreisen.

Aber zurück.

Ich bin erstaunt. Über Dein Wissen. Du warst nie dort. Nie im Orient. Und doch schreibst Du, als ob Du dort geboren wärest. Ich weiß, wo von ich spreche. Ich war dort. Lebte im Orient. Habe Menschen und Länder kennen gelernt. Ich war in Konstantinopel, der Mutter aller Städte. Freilich zu einem Zeitpunkt als sie schon Istanbul hieß. Ich habe dort gelebt. Auf der Straße, in den Gassen, beim Cimitci. Ich kenne die Hagia Sophia wie meine Westentasche.

Ich weiß, welches kleine Fenster ich unerlaubterweise öffnen muss, um die Höfe des Serails zu sehen. Auch sie, die Höfe, kenne ich in- und auswendig. Ich weiß, wo das Haar des Propheten liegt und ich habe den Harem gesehen. Im Topkapi-Serail, einem für einen Ortsunkundigen wahren Labyrinth aus prächtigen Räumen und Höfen, welches über Jahrhunderte stetig erweitert wurde. Der Kanonentor-Palast. Wo Deine Geschichte gut und gerne hätte stattfinden können.

Freilich ist es schon lange her, da ich in Istanbul wohnte und mich der osmanischen Geschichte und insbesondere der Historie der Stadt von Justinian I. bis Mehmet VI. widmete. Deine Erzählungen, lieber Christian, haben mir meine Lebensabschnittsgeschichte wieder vor Augen geführt, hat den immerleeren Harem endlich wieder mit Schönheit geflutet, haben mir den Klang der Nächte wieder in die Ohren gezaubert. Ich bedanke mich für diesen Dienst und wünsche allen Lesern der nun folgenden Novelle Fantasie und Freude, denn diese beiden sind die Baumeister dieses Werks!

Holly Loose
Istanbul/Berlin 2006/2023

I.
Im Zimmer des Dichters

Aus dem Inneren schien ein unruhiges Licht.

Auf einem dünnen Docht tanzte eine gierige Flamme, die beinahe schon das gesamte Öl aus der Lampe gesogen hatte. Zum Bedauern des Dichters war es das letzte. Für neues hätte er Gedichte über die Pracht Bagdads und den Ruhm des Propheten verfassen müssen. Mehr lagen ihm allerdings die Abenteuer des Abu ibn al Hrastur am Herzen. Sein persönliches Epos. Das Kapitel, das er zu schreiben im Begriff stand, war bedeutend; darin wollte er seinen Helden einer Gefahr aussetzen, die eines Sindbads, wenn nicht gar eines Odysseus' würdig gewesen wäre!

Zumindest dieses Kapitel hoffte er noch beenden zu können, bevor die Lampe gänzlich verlosch. Wobei durchaus die Gefahr bestand, dass ihm zuvor das Papier ausging. Und das, obwohl er bereits auf Pergamenten schrieb, von denen er die Gedichte des großen Mutanabi abgekratzt hatte ...

Er selbst war ein Dichter, dessen Größe der Welt bis zu diesem Tag verborgen geblieben war, so dass er sich an diesem Abend kaum eine Tasse Tee leisten, zugleich aber bei wohl allen Mädchen der Stadt hätte liegen können. Er war tatsächlich ein Dichter, wie man sich einen vorgestellt hätte, so dass er, abgesehen von dem, was er am Leibe trug, lediglich zwei Schreibfedern, eine rissige Lampe und vier Bücher besaß, von denen er zwei geschrieben und zwei gelesen hatte.

Er war ein Gesegneter unter den Gläubigen, ein König im Land der Schrift, doch kaum mehr als ein Bettler in den Straßen der Stadt seines Sultans.

Derlei aber bekümmerte ihn kaum, schließlich hatte er ein Kapitel zu beenden!

In eben diesem Augenblick klopfte es an seine Tür.

Wer immer das auch sein mochte, hatte sich einen schlechten Zeitpunkt ausgesucht. Als der Dichter aufschaute, musste er erkennen, dass das klägliche Licht seiner Lampe bereits flackerte. Wenn er dieses Kapitel beenden wollte, würde er sich beeilen müssen, fragte sich aber dennoch, wer es wohl sein mochte, der da vor seiner

Türe stand. Diesem oder jenem schuldete er schließlich den einen oder anderen Dinar ...

Das Klopfen wurde lauter.

Wehmütig betrachtete der Dichter die ersterbende Flamme, beugte sich über das Papier und rief mit fester Stimme:

„Wer immer Ihr seid, kehrt morgen wieder. Euer Anliegen wird Zeit haben, diese Zeilen aber drängen. Also geht, gehabt Euch wohl und lasst mich morgen eine Ausrede suchen, weshalb ich Euch nicht bezahlen kann."

Und entschlossen führte er, während er diese Worte sprach, seine Feder über das Papier.

Da wurde die Tür mit einem Male aufgerissen, ein Windstoß riss den davor befindlichen Vorhang zur Seite und ließ die Lampe verlöschen. Von einem Moment auf den anderen saß der Dichter im Dunkeln.

Gerade meinte er, leise Schritte und das Rascheln von Stoff zu vernehmen, als es plötzlich wieder hell wurde. Ein ungebetener Gast hatte aus dem Inneren seines schwarzen Umhangs eine Lampe hervorgezogen, deren Licht das Zimmer nun erhellte. Während der Dichter geblendet einen Arm vor die Augen hob, ertönte eine dunkle Stimme:

„Seid Ihr der Mann, den die Zunft der Schreiber den Tintenderwisch nennt und den Allah, gepriesen sei sein Name, wie keinen zweiten mit der Gabe der Dichtkunst gesegnet hat?"

Kaum, dass seine Augen sich nun an den Schein der Lampe gewöhnt hatten, legte der Dichter seine Feder beiseite und richtete sich auf.

„Wenn denn die Dichtkunst wahrhaftig eine Gabe ist, dann bin ich wohl der, nach dem Ihr fragt."

Unter seinem mit prächtigen goldenen Stickereien versehenen Umhang trug der Fremde einen schlichten grauen Kaftan. Dazu einen mächtigen dunklen Turban, in dessen Schatten lediglich seine Augen zu sehen waren, unter denen wiederum ein schwarzer Bart wucherte, der, in der Art der Gesetzesgelehrten geschnitten, bis zum mächtigen Bauch des Mannes hinabreichte.

Der Dichter war noch ganz in Betrachtung dieser eindrucksvollen Gestalt versunken, als der Unbekannte von neuem anhob:

„Ich will eine Geschichte kaufen, und Ihr, mein Freund, müsst sie mir schreiben ..."

Eine Geschichte also ... Das war der Moment, in dem der Dichter seine Sicherheit zurückgewann. Denn den Wunsch der Menschen nach Geschichten kannte er. Meist hatten die Leute bloß eine vage Vorstellung von derlei. Die richtigen Worte zu finden, brauchte es Männer wie ihn. So etwas pflegte er im Vorübergehen zu erledigen, und so antwortete er selbstsicher:

„Bagdads Pracht und der Ruhm Mohammeds, Effendi, sind meiner Feder Spezialität."

Sein Gegenüber trat näher, beugte sich zu ihm herab und raunte ihm verschwörerisch zu: „Mitnichten, mein Freund, gelüstet es mich nach solcherlei. Mir geht es um etwas anderes. Etwas ... Spezielleres. Die Geschichte, nach der ich trachte, soll ... vom Harem unseres Sultans handeln."

Erschrocken fuhr der Dichter zusammen und entgegnete ungläubig:„Effendi! Ihr ... Ihr scheint Euch nicht bewusst, was für einen Wunsch Ihr da äußert. Lasst mich versuchen, es Euch zu erklären: Der Harem unseres Herrn ist ein Ort voller Wunder. Allein an ihn zu denken, ist nicht recht. Über ihn zu sprechen ein Vergehen und ein Blick auf seine Frauen ist bei Todesstrafe verboten! Und nun, Effendi, überlegt, was wohl der Henker täte, versuchte ich meine Worte über ihre Körper gleiten zu lassen ..."

Er hielt kurz inne und betrachtete den Fremden. Dieser aber schien wenig beeindruckt, weshalb der Dichter schließlich abwinkend fortfuhr: „Ich will vergessen, worum Ihr mich batet. Denn fremd scheint Ihr in dieser Stadt und ihre Gesetze Euch unbekannt. Allah mit Euch auf Euren Wegen. Und nun lasst mich ..."

Wortlos unterbrach der Fremde den Dichter, indem er schweigend einen hellen Lederbeutel auf das Schreibpult fallen ließ. Der Klang gefangener Münzen ließ den Dichter stutzen.

Zufrieden gewahrte der Fremde sein Zögern, richtete sich in schimmernd dunklem Ornat zu seiner vollen Größe auf und sprach:

„Ihr könnt Euch sicher sein, dass ich Euch entsprechend entlohnen würde."

An Tinte und Schreibfeder vorbei griff der Dichter mit zitternden Fingern nach dem Beutel, hob ihn empor und wog ihn versonnen in der Hand.

Jeder andere hätte in diesem Augenblick nichts als Geld, Reichtum, ja, einen kleinen Schatz in Händen gehalten. Die Finger des Dichters aber umfingen die Freiheit, tausende Seiten mit Leben füllen zu können, ohne sich auf dem Bazar käuflicher Worte feilbieten zu müssen. Er hielt sein Epos in Händen.

„Dies, mein Freund, wenn Ihr es annehmt, wäre die Hälfte Eures Lohnes."

Wie hätte der Dichter da nein sagen, wie auch nur zögern können?

Was waren die Verbote dieser Welt, was die Qualen der nächsten, verglichen mit einem Lohn wie diesem?

Wohl kaum einer, der nicht ein Dichter ist, kann die Verlockung ermessen, die dieser Beutel für jenen Mann bedeutete. Das Schicksal selbst zwinkerte ihm zu, und er zweifelte nicht daran, dass Allah selbst zornig geworden wäre, hätte er dieses, sein Angebot ausgeschlagen ... Zwischen ihm und der Freiheit standen lediglich ein Verbot und eine Geschichte. Und er hatte sich lange genug in Ehebruch und Schreiben geübt, dass weder das eine noch das andere ihn aufhalten würde. Sicher, dass die nötigen Worte ihm schon aus dem Handgelenk poltern würden, ließ er den Beutel behände in den Falten seines Kaftans verschwinden.

„Ich will versuchen, Eure Wünsche zu erfüllen. So Ihr mich denn Eures Stillschweigens versichert."

„Das will ich gern tun. Doch ebenso bedarf ich des Euren. Auf dieser Reise in das verbotene Land, mein Freund, sind wir Verbündete ..."

„Kein Wort zu niemandem", versprach der Dichter und blickte dem fremden Gast in die Augen. Nun, nachdem der erste Schreck sich gelegt hatte, begann die Neugier in ihm zu flüstern. Wer war dieser Mann? Weshalb war er ausgerechnet zu ihm gekommen? Und warum verlangte es ihn gerade nach einer solchen Geschichte?

Er betrachtete den Fremden genauer. Einiges an ihm irritierte ihn; so schienen die Hände auf eigentümliche Art nicht zum Bauch und die Augen nicht zum Bart zu passen ... Und dann war da noch dieser seltsame Schatten auf seinem Ringfinger. Der Mann wirkte sonderbar, beinahe als ob ...

Der Fremde aber unterbrach seine Gedanken.

„Was immer Ihr auch tut und was immer auch geschieht, mein Freund, fragt nicht nach meinem Namen und forscht auch nicht nach mir. Zwei Wochen. Dann müsst Ihr fertig sein. Was immer Ihr schreibt in dieser Zeit, gehört mir. Im Anschluss daran treffen wir uns am Rande des Sklavenmarktes nach dem Morgengebet."

Ergeben senkte der Dichter das Haupt, bemüht, die Neugier in seinem Inneren zum Schweigen zu bringen. Als er es wieder hob, war sein Gegenüber verschwunden.

Und nur der zitternde Vorhang vor der Tür ließ erahnen, dass er sich nicht in Luft aufgelöst hatte ...

II.
Chinesische Tinte

Drei Tage später hatte der Dichter sich mit neuem Schreibgerät versehen, von Kopf bis Fuß neu eingekleidet und nebenbei allerlei Nützliches und weniger Nützliches erstanden. Und im Bestreben, seine unerhörte Aufgabe anzugehen, hatte er sich vorgenommen, am folgenden Tag mit der Arbeit an seiner Geschichte zu beginnen.

Hierfür wollte er auf seine Phantasie zurückgreifen, die man allerorts als außerordentlich erachtete und die, ganz ohne Frage, die eines Dattelverkäufers, eines Kaufmanns und gewiss auch die der meisten Paschas übertraf. Auch wenn es ihr, verglichen mit der von Kindern, Trunkenbolden oder Schwachsinnigen an Vollkommenheit mangelte ...

Während der vergangenen Tage hatte der Dichter seinen neuen Reichtum auf alle erdenklichen Arten genossen. Und als nun der vierte herandämmerte, war alles bereit: Auf einem geschnitzten Pult aus rotem Holz lag Papier, das aus dem fernen Nepal stammte und das bereits leer mehr kostete als manches Buch bedeutender Dichter. Daneben stand ein Fässchen Tinte, wie man sie in China ursprünglich einzig zum Besiegeln der kaiserlichen Erbfolge benutzte. In besagtem Fässchen wiederum lehnte eine Feder aus venezianischem Glas, von deren Art es auf der ganzen Welt einzig drei gab.

Und im Schein einiger Lampen, die bis zum Rand mit duftenden Ölen gefüllt waren, war der Dichter, andächtig und vom Glauben an seine eigenen Worte erfüllt, vor seinem Schreibpult auf die Knie gegangen, hatte die Feder ergriffen, sie dem schillernden Schwarz chinesischer Tinte entwunden ... und gezögert.

Dies war einer jener kostbaren Momente, in denen der Schatten des Zweifels das Strahlen des Genies verdunkelt. Ein Augenblick, der jeden, der irrtümlicherweise am Ziel zu sein glaubt, daran erinnert, wie weit er noch zu gehen hat.

In eben diesem Augenblick schaute der Dichter nicht weniger als das Wesen der Dichtung selbst, so dass all sein Talent ihm mit einem Mal nichtig schien. Gewiss, in seinem Kopf war Sehnsucht, Vorstellung, waren Wünsche und Phantastereien, und in seinen Gedanken wiegten sich Körper, die nackter und vollkommener als die meisten wirklichen waren. Doch ahnte er in diesem Moment, dass sie nicht ausreichen würden.

Gewiss, er hätte schreiben können. Eine Geschichte, wunderbarer, verlockender, sündiger womöglich als das meiste, das je mit Tinte auf Papier gebannt worden war. Seine Worte aber wären nichts anderes gewesen als der Versuch eines Blinden, Farben, oder der eines Tauben, Töne zu beschreiben. Die Welt war voll von solch unvollkommenen Versuchen.

Doch wenn er jetzt und hier eine solche Geschichte begann und sie in einer Woche in eben diesem Raum beendete, war er nicht besser als jene, die, ohne die Wüste zu kennen, anderen von den Geheimnissen des Sandes erzählten.

Keine Feder, keine Tinte, kein Papier hätte darüber hinwegtäuschen können.

Diese Geschichte zu verfassen, würde der Dichter den Harem des Sultans betreten müssen. Und erfüllt von dieser Gewissheit begann er, am Ende dieses Tages schlecht zu schlafen.

Der erste Morgen nach dieser Erkenntnis führte den Dichter zum Palast seines Sultans.

Im Laufe der Nacht war er sich in den Momenten, die dem Schlaf beschaulichen Inseln gleich vorgelagert sind, eines Rätsels gewahr geworden, das ihm, ob auch allgegenwärtig, bis zu diesem Tag verborgen geblieben war. Er hatte darüber geschrieben, seine Figuren damit beseelt, es in Reime gefasst und in Verse gegossen, ohne sich seiner je wirklich bewusst gewesen zu sein. Und so war an diesem Morgen allein sein Weg durch die Straßen der Stadt schon ein anderer. Seine Schritte, seine Blicke hatten sich verändert. Die Frauen, die ihm begegneten, betrachtete er anders als sonst und suchte, während sein Begehren im Begriff stand, sich in eine heilige Form der Neugier zu verwandeln, unter jedem Schleier und in den Falten jeden Kleides nach den Spuren jenes Rätsels. Er hatte so viele von ihnen begehrt, gewollt, geliebt und sich ihnen hingegeben, darüber geschrieben, gesprochen und war sich dabei doch nie jenes Rätsels bewusst gewesen, das sie umgab und sich dabei doch weder in ihrem Haar, ihrem Schoß noch ihrer Brust zu verbergen schien ...

Wo und was es nicht war, war jedoch das Einzige, was der Dichter zu diesem Zeitpunkt darüber hätte sagen können. Und obwohl er spürte, wie dieses Rätsel gleichsam alle Frauen in der Stadt mit einem unsichtbaren Schimmer zu umgeben schien, galt es ihm doch jetzt, seine Gedanken vor allem anderen darauf auszurichten, einen Weg in das Herz des Palastes zu finden.

Lange vor Mittag hatte er unter den abervielen Schleiern, welche die wohlhabenden Frauen von den Dienerinnen unterschieden, unzählige Wunder erahnt, als er unweit des Palastes den Sklavenmarkt passierte, der den Frauen, solange man sie dort nicht feilbot, verboten war, Ein Ort ohne Schleier, wo die körperlichen Makel der Sklaven ebenso sichtbar wurden wie die menschlichen ihrer Käufer.

Getrieben von der Neugier, wie das Wissen um jenes Rätsel diesen Ort wohl verändern würde, betrat der Dichter den Markt.

Vormals hatte der Wohlstand der Sklavenhändler diese in seinen Augen zu beneidenswerten Menschen gemacht. An diesem Morgen aber schienen sie ihm widerwärtig. Männer, deren Rücken sich unter der Last ihrer Börsen zu hässlichen Buckeln verkrümmt hatten, mit schlechten Zähnen, die über den Preis von Menschen bestimmten und die makellosen Gebisse ihrer Ware anpriesen.

Einst hatte der Sklavenmarkt den Dichter von einem wunderbaren Zauber beseelt geschienen. Ganze Tage hatte er hier zugebracht, sich an der Schönheit geweidet, und Muskeln, Brüste, Hüften und Schultern betrachtet, Männer und Frauen, Stunde um Stunde. Und er hatte über sie geschrieben. Seine prachtvollsten Figuren entstammten den Schatten dieses zwielichtigen Quells der Inspiration.

Wie anders aber schien dieser Ort ihm nun.

Er dachte noch darüber nach, als man eine nackte Frau in Ketten nach vorn führte. Sie war jung und hübsch und es brauchte keine Minute, da hatte sich ein gutes Dutzend Käufer um sie versammelt. Inmitten dieser aufgeregten Männern stand sie, schweigend zu Boden starrend und in ihrer Nacktheit wie zahllose andere zuvor scheinend.

Er hatte viele Frauen dort stehen sehen, sie zu Teilen seiner Fantasie, seiner Bücher gemacht. Sie hatten ihn inspiriert, erregt. Diese aber, umschwirrt von all diesen Schmeißfliegen, war dabei, das erkannte er, nicht einmal nackt; denn auf ihrer Haut trug sie jenes Rätsel, das sie auf sonderbare Art zur Herrin dieser Männer machte.

Mit diesen Gedanken im Kopf und einem letzten Blick auf die Sklavin, die plötzlich keine mehr war, verließ der Dichter jenen Markt und eilte weiter Richtung Palast, wo es ihm einen Weg zu finden galt, der ihn durch das Tor des Harems und ins Herz seiner Geschichte führen würde ...

Im Palast des Sultans gab es drei Höfe.

Der erste glich einem Basar und diente einzig der Versorgung des Hofes und seiner Bediensteten.

Wohl wissend, dass nicht selten die Lüge den Mann der Frau am nächsten brachte, mischte der Dichter sich unter die Händler und gab sich als Kaufmann aus, der den Köchen des Sultans Feigen und Oliven zu verkaufen gedachte.

In den zweiten Hof, in dem die Gesetzesgelehrten Recht sprachen, drang er vor, indem er den Diebstahl eines kostbaren Geschmeides anzeigte, das er dem Sultan zur Schmückung seines Harems hatte verkaufen wollen.

Ein bärtiger Alter nahm seine Anzeige auf und musterte ihn dabei, als ob man ihm ansah, dass Schmuck seinen Händen so fremd wie der Sonne die Nacht war.

Und während der Dichter vor ihm hockte, spürte er beinahe schon die Nähe des Harems, der sich im dritten Hof des Palastes befand. Diesem dritten Hof vorgelagert war ein Gebäude, in dem der Sultan Besuche empfing und hinter dem sich wiederum jenes Tor erhob, das zum Harem, dem verbotenen Viertel der Frauen führte ...

Als der Gesetzesgelehrte ein Siegel unter das Protokoll gesetzt und dem Dichter bedeutet hatte, dass er sich nun entfernen könne, sann letzterer bereits nach, wie er eine Audienz beim Sultan erlangen könne.

Kurz darauf musste er jedoch erfahren, dass die Angst vor einer Revolte eine solche Audienz vor Ende des Monats unmöglich machte. Der Sultan nämlich war vorsichtig geworden, hieß es doch, dass sein jüngerer Bruder in der Provinz einige Janitscharen auf seine Seite gezogen habe und einen Umsturz plane.

Hätte der Dichter nun behauptet, etwas über jene Pläne zu wissen, wäre er gewiss vorgelassen worden.

Große Lügen aber bedürfen großen Mutes, über den zu schreiben eher Aufgabe des Dichters ist als ihn zu besitzen.

Und aus diesem Grunde verließ der Dichter den Palast schlussendlich unter den wachsamen Augen der Sultansgarde, um zuhause zwischen erlesenen Papieren in dem Bewusstsein, seiner Geschichte keinen Deut näher zu sein, eine weitere Nacht schlecht zu schlafen.

III.

Die Warnung des Baumeisters

Am Morgen des fünften Tages beschloss der Dichter mit seiner Geschichte zu beginnen.

Zwar hatte er noch immer keinen Weg in den Harem gefunden, gedachte sich aber zunächst einige Seiten in der Schönheit des Palastes zu ergehen, über Türme, Kuppeln und Säulen zu schreiben, über kostbare Vorhänge und Fenster mit hölzernen Gittern davor. Er würde ausschmücken, verblüffen, in Erstaunen versetzen und seine Leser mit der späten Pracht der einstmals tristen Baukunst des Orients konfrontieren.

Und eben das versuchte er in den kommenden Stunden.

Allein, was ist ein Palast dem, dessen Geist es gewohnt ist, Welten zu erschaffen? Am Abend hatte seine Feder den Palast seines Herren mehrfach durchschritten, sich an Lampen, Torbögen und Fliesen festgeschrieben und jedes Quäntchen Pracht zu einer Unze heranschwellen lassen, so dass auf seinem Schreibpult nunmehr zwanzig dichtbeschriebene Seiten lagen.

Draußen war es derweil längst dunkel geworden, doch da war keine ersterbende Lampe, die ihm einen Grund gab, innezuhalten. Stattdessen musste er im strahlenden Licht tanzender Flammen erkennen, dass er mit dem Ende des Palastes auch die Grenzen seiner Vorstellungskraft erreicht hatte ... Und das war ein Gedanke, der dem Dichter gar nicht behagen wollte. So sann er also wieder nach, wie er auf die andere Seite der Palastmauern gelangen konnte, als ihm plötzlich ein Gedanke kam: ein geheimer Gang!

Darüber zu schreiben wäre ein Einfaches gewesen, ein verwegener Trick, um seine Worte hinter die Haremsmauern dringen zu lassen. Aber wer konnte behaupten, dass es einen solchen Gang nicht wahrhaftig gab? Sei es, dass der Sultan eine Möglichkeit gesucht hatte, seine Frauen heimlich zu besuchen oder eine einflussreiche Valide Sultan sich einen Weg aus ihrem Reich geschaffen hatte.

Der Möglichkeiten gab es viele. Und selbst wenn die meisten davon der regen Fantasie eines Dichters entsprangen, blieben doch genügend, dass die Existenz eines solchen Ganges zumindest denkbar gewesen wäre!

Auskunft darüber würde aber allein einer geben können: Minas Sirhan.

Er war der Architekt des älteren Sultans gewesen, der seinen Palast mit azurleuchtenden Türmen, gläsernen Kuppeln und riesigen Mosaiken aus einer glanzlosen Vergangenheit in die schillernde Pracht der Gegenwart überführt hatte.

Inzwischen diente Sirhan lange schon dem gegenwärtigen Sultan. Nach wie vor war er ein Meister seiner Zunft, ein Zauberer mit Stein und Mörtel, den man allerorten ehrfurchtsvoll auch den ‚Dichter der Steine' nannte. Der Sultanspalast war sein Meisterstück, auf dessen Kuppel er nach vier Jahren Arbeit, während der ihm tausend Arbeiter und sieben weitere Architekten unterstanden hatten, den goldenen Halbmond gepflanzt hatte.

Aus den entferntesten der bekannten Länder kamen noch immer Baumeister, um die Frucht seiner Fertigkeit zu bewundern, deren Vollkommenheit sich in der Pracht des Palastes zu spiegeln schien.

Seit der Fertigstellung des Gebäudes aber war Sirhan in den Straßen der Stadt nicht mehr gesehen worden. Er hatte sich, wie es hieß, in seinen eigenen Palast zurückgezogen, den er seinem Stande gemäß bewohnte und in dem er neben einer kleinen Moschee sogar einen Harem sein Eigen nannte. Er war einer der sieben reichsten Männer der Stadt, ein Vertrauter des Sultans und darob gehalten, seine Stellung nach außen zu repräsentieren.

Dies jedoch war alles, was der Dichter vom Architekten des höchsten aller Herren wusste. Dies und eines noch: Wenn es im Inneren des Palastes einen geheimen Gang ins Innere des Harems gab, dann würde dieser Mann es wissen!

Der Dichter hatte, als er an das Tor des kleinen Palastes schlug, eine gute Stunde und gewiss 10000 Schritte lang überlegt, was er Meister Sirhan erzählen konnte, damit dieser sein geheimstes Wissen mit ihm teilte. Und da man den Geist der Wissenden am ehesten mit der Wahrheit gewann, hatte er beschlossen, ihm eben diese zu erzählen. Dabei wusste er wohl, dass er diesem Mann, der doch alles zu besitzen schien, kaum etwas bieten konnte.

Wenig später öffnete ein Diener in einer fremdländisch anmutenden hellblauen Livree und führte ihn ins Innere des kleinen Palastes.

Staunend gewahrte der Dichter, dass die Wände mit Mosaiken geschmückt waren, die zwar kleiner, aber wesentlich kunstvoller als die im Inneren des Sultanspalastes schienen. Das gleiche galt für die Teppiche und die Schwünge der Torbögen. Der Erbauer dieser Mauern schien ein Mann mit einem unvergleichlichen Gespür für Schönheit, so dass sein Palast, ob auch nicht annähernd so groß wie der des Sultans, beinahe wie die Schatzkammer desselben anmutete.

Staunend glitt er durch dieses Unmaß an Pracht, folgte jenem fremdartig livrierten Diener durch ein Reich voller Wunder, bis beide schließlich einen Raum betraten, in dessen Zentrum, hingestreckt auf einen Diwan inmitten Dutzender schimmernder Kissen, Minas Sirhan, der Architekt des Sultans, lag.

Der Dichter stutzte.

Dieser Mann war der wahrscheinlich hässlichste Mensch der Welt. Ein fettes, hässliches Ungetüm, das sich in schimmernde Stoffe schmiegte. Sein Gesicht war eine verquollene Masse bleichen Fleisches, aus der vereinzelt struppige Borsten hervorsprossen, deren Gesamtheit man schwerlich als Bart hätte bezeichnen können. Und aus seinem massigen Gesicht blinzelten zuletzt unter spärlich blassen Brauen kleine Schweinsäuglein hervor, wobei seine Nase am ehesten mit irgendeinem faulen Obst zu vergleichen gewesen wäre. Mit kurzen fetten Fingern hielt jenes Architektenungetüm das Mundstück einer in Silber gefassten Wasserpfeife, das er zu seinem kleinen gierigen Mund empor führte.

Der Anblick dieses Mannes war widerlich, und dem Dichter lief es kalt den Rücken herab, als ihm bewusst wurde, dass sich hier, im Zentrum der Schönheit, die Hässlichkeit selbst ein Lager bereitet zu haben schien ...

In diesem Moment sprach das Ungetüm ihn an: „Seid mir gegrüßt, Fremder. Ich brenne darauf zu erfahren, was einen Mann des Wortes wohl in diese meine Hallen führt. So sprecht also, was ist Euer Begehr?“

Der Dichter zögerte einen Moment. Der Atem seines Gegenüber roch schrecklich, beinahe als ob in seinem Inneren weit mehr Hässliches noch verborgen lag.

„Ich will offen zu Euch sprechen, mein Herr. Man trug mir eine Aufgabe an, die äußerst delikat, alles andere als leicht und tatsächlich sogar wider das Gesetz ist ...“

Er schaute den Architekten bedeutungsvoll an, und wollte nach einer sinnschwangeren Pause gerade fortfahren, als Sirhan entgegnete:

„Es ist also der Harem des Einzigartigen und Wunderbaren, den Ihr Euch zum Ziel erkoren habt. Und mich besucht Ihr, damit ich einen geheimen Gang Euch bezeichne, der Euch an allem anderen vorbei und ins Innerste des Palastes führt.“

Der Dichter war redlich verwundert, schien doch dieser Berg von Fleisch über derart viel Scharfsinn zu verfügen, dass er sein Begehren ohne Zögern zu erraten vermochte.

Sirhan lächelte.

„Es braucht nicht viel Scharfsinn, Euer Begehren zu erraten. Die meisten, die mich hier besuchen, wollen etwas über einen solchen Gang erfahren.“

In den berauschenden Rauch der Wasserpfeife mischte sich die unausgesprochene Frage, wie viele es wohl bereits gewesen sein mochten, die des Ganges wegen an diesem Diwan vorgesprochen hatten, wie viele es womöglich gar erfahren und wahrhaft den Harem des Prächtigsten unter den Prächtigen betreten hatten ...

Der Architekt aber ließ solchen Fragen keinen Raum zum Wachsen.

„Nun, nicht wenige dieser Männer lieferte ich der Garde aus, war doch der Grund für ihren Wunsch meist eitel und selbstgefällig. Der Wunsch von Kamelen, die weit genug getrunken haben und dennoch die Wasser der heiligen Oase schmecken wollten.

Die Köpfe jener Kamele zieren heute die Pfähle östlich des Stadttores.“

Bei diesen Worten war dem Dichter nur wenig wohl, und in seiner Vorstellung stak sein Kopf bereits zwischen all den anderen.

So ungünstig aber wie er fürchtete, stand der Wind des Schicksals nicht ...

„Lasst, werter Dichter, auch mich Euch gegenüber ehrlich sein: Euch gedenke ich nicht den Wachen des Sultans auszuliefern. Euer Ziel nämlich ist ein anderes. Ihr wollt nicht nur eine andere Art des Durstes stillen, Ihr schafft - so Euer kühnes Vorhaben gelingt - zugleich noch jenem verschwiegenen Hort der Schönheit ein Denkmal. Bis heute schrieb man Geschichten über ihn in den Sand der Wüste. Ihr aber werdet Worte schaffen, die bleiben. Und dies scheint Grund genug mir, Eure Fragen zu beantworten, so gut ich es kann.“

Von einem Moment auf den anderen verwandelte jener unansehnliche Architekt sich in den zauberhaften Schlüssel im Schloss des schweren Tores der Erfüllung. Erleichtert sank der Dichter in seinen Kissen zurück und meinte den größten Teil seiner Suche bereits vorüber.

„Bevor ich aber Eurem Wunsch entspreche, will ich Euch eine Warnung zuteilwerden lassen, die Ihr im Hinterkopf behalten solltet: Die Schönheit ist es, vor der ich Euch warnen möchte. Die Schönheit des Weibes, der Dinge und des Augenblicks. Dabei aber ist es nicht sie selbst, vor der ich Euch warne, sondern vielmehr der Umgang mit ihr. Ihr könnt mir glauben, dass ich weiß, wovon ich spreche. Ich habe sie gesehen, genieße ihre mannigfaltigen Formen im Überfluss und jeden Tag aufs Neue. Meine Diener bereisen die gesamte bekannte Welt, so dass dieses Haus inzwischen Räume mit französischem Stuck, kristallene Lüster aus Venedig und Bilder niederländischer Meister birgt. Mein Streben nach der Schönheit kennt keine Grenzen, weder in Gedanken noch in der Wirklichkeit. Und dies ist, was es verwerflich macht. Selbst meine Köche sind gehalten, mir die prächtigsten erdenklichen Speisen zu bereiten. Und auch hier gab es mir keine Grenze, so dass ich das Fleisch von Schweinen gegessen und den Whiskey der Iren gekostet habe, und in jedem Schluck, in jedem Bissen einen Teil der Schönheit fand."

Voll Ungeduld lauschte der Dichter den Worten des Architekten.

„Vor langer Zeit habe ich nachts die Vernunft in bestickten Kissen erstickt. Der Wunsch nach Schönheit nahm ihren Platz, und er ist es, der heute mich gänzlich beherrscht. Der größte Teil von ihr ist käuflich, und das ist mein Dilemma. Ich atme sie, wo ich gehe und stehe, sauge sie ein; Frauen, Speisen, Schmuck und Kunst, bemüht, dieses Haus und mich vollkommen anzufüllen mit ihrem Geist."

Er betrachtete den Architekten. Seine Worte waren seltsam und schienen so gar nicht zu diesem Ungetüm zu passen, das von der Schönheit so weit entfernt schien wie der Stein vom Fliegen.

Doch genaugenommen scherte die Warnung des Architekten den Dichter wenig. Für ihn waren es lediglich Worte, die zwischen ihm und jenem geheimen Gang lagen, der ihn in den Harem des Sultans führen sollte.

„Meine Worte sollten Euch mehr bedeuten. Steht ihr doch im Begriff, das vielleicht sinnlichste aller Abenteuer im Herzen der Schönheit selbst zu beginnen. Ich habe sie gesehen, geschmeckt und gefühlt, sie bis zur Neige ausgekostet. Ihr seht, was sie aus mir gemacht hat; ich bin kaum mehr ein Schwamm, der sich vollgesogen hat. Und ob am Ende mein Herz auch fett und meine Seele taub sein wird, werde ich doch alle Schönheit der Welt besessen haben ..."

Der Dichter bemühte sich, aufrichtiges Interesse zu zeigen. Doch pflegte er ja über die Schönheit nicht nachzudenken. Begegnete sie ihm, schrieb er über sie. Begegnete sie ihm nicht, versuchte er sich ihrer zu erinnern, und vermochte er sich ihrer nicht zu erinnern, dann schrieb er nicht.

Sirhan war allerdings noch nicht fertig: „Wisst Ihr, ich hatte ein gutes Leben, als ich baute, Steine auf Steine fügte, und die Schönheit durch meine Finger und in die Mauern dieser Stadt floss. Ein schlechtes Leben begann ich erst zu führen, als das, was ich erschaffen hatte, mir ermöglichte, größere Dinge zu erwerben ... Wie wenig meine Worte Euch gegenwärtig auch bedeuten mögen, lasst einen letzten Rat mich Euch mit auf Euren Weg geben: Denkt Euch die

Schönheit als den Inhalt einer Schatulle, die ein einziges Mal am Tag Ihr öffnen solltet, um Euch an ihm zu erfreuen, ohne aber danach greifen zu wollen."

Dieser Satz klang dem Dichter nun endlich, als ob das Ende dieses Vortrags erreicht war.

„Ich danke Euch für diesen Ratschlag, ehrwürdiger Herr, bitte Euch nun jedoch, ohne undankbar erscheinen zu wollen, mir, wie versprochen, alles über jenen geheimen Gang zu verraten."

Sirhan nahm das Mundstück seiner Wasserpfeife in den Mund, sog daran und lächelte.

„Das will ich tun, werter Dichter: Es gibt ihn nicht." Ungläubig beugte der Dichter sich vor. „Ihr hört richtig. Es gibt keinen geheimen Gang, der ins Innere des Palastes oder gar den Harem führt. Es gibt ihn nicht und hat ihn nie gegeben."

„Aber Ihr habt ..."

„Ich versprach, Euch alles zu erzählen, was ich weiß. Und eben das habe ich getan."

Der Architekt nahm einen weiteren Zug aus der Pfeife und lächelte sein Gegenüber schweigend an. Wutentbrannt funkelte der Dichter, der sich hintergangen und betrogen fühlte, Sirhan entgegen. Dann erhob er sich, entwand sich dem Zauber dieses Ortes und verließ, ohne die Regeln der Höflichkeit weiter zu beachten, wortlos die Residenz des Architekten.

IV.

Das Vorrecht des Dichters

Am sechsten Morgen seiner Aufgabe begann im Inneren des Dichters die Furcht zu rumoren.

Die wenigen Wege, die ihn an sein verbotenes Ziel hätten führen können, hatten sich vor seinen Augen in nichts aufgelöst und waren ins Dunkel einer traumlosen Nacht entschwunden. Neben den Grenzen seiner Vorstellung begann er nun, die der Wirklichkeit zu spüren.

Er hatte bereits darüber nachgedacht, dem Fremden sein Geld einfach nach Ablauf der Frist zurückzugeben. Eine Idee, die jedoch schon daran scheiterte, dass er einen guten Teil davon bereits ausgegeben hatte.

Das, was man von ihm erbeten hatte, war ein Diamant. Doch alles, was er tun konnte, war, an seiner statt ein gläsernes Duplikat zu schaffen. Eine Geschichte, deren Wurzeln sich in die Luft statt die Wirklichkeit gruben. Für die er auf die Frauen in seinem Kopf zurückgreifen musste, wobei ihm vermutlich sein Stolz im Wege sein würde.

Sein nächster Gedanke war einer, der nur kaum einen Dichter fremd ist: Bis zum Ende der Frist ein Leben im Überfluss zu führen, um dann, wenn der Fremde auftauchte, ihn vor den Kadi zerrte und man ihn bis zum Hals in der Wüste eingrub, ein tödliches Gift zu schlucken, das nach Himmel schmeckte ...

Doch auch hier war sein Stolz ihm im Weg.

Oh, er wäre bereit gewesen an der Wirklichkeit, der Liebe, am Leben und am Geld zu scheitern, aber an einer Geschichte ...?

Niemals! Er würde sie schreiben und dafür, wenn es sein musste, auch in den Harem seines Sultans eindringen. Und wenn die Wirklichkeit ihm keinen Weg eröffnete, dann würde sein Kopf einen ersinnen! Denn, auch wenn der Architekt des Sultans nichts von einem geheimen Gang wusste, so hieß das doch nicht, dass dieser nicht existierte. Es war sogar sehr wahrscheinlich, dass es einen solchen Gang gab.

Schließlich hatte es im Palast Feysal bin Nhurs ebenso einen gegeben wie in dem Süleymans I.

Und so beschloss der Dichter, davon auszugehen, dass auch in den Palast seines eigenen Sultans ein Gang führte, von dem niemand wusste.

Dies war also der dünne Halm Hoffnung, an den er sich klammerte, und so überlegte er, wo ein solcher Gang denn wohl verlaufen könne. Der Zugang im Palast läge gewiss im Inneren des Harems, einem Ort jenseits aller anderen, den niemand außer dem Herrn selbst und seinen Frauen betreten durfte. Jenseits der Mauern aber ... Der Ausgang musste an einem Ort liegen, der gleichsam für die Palastwache wie auch das Volk schwer einsehbar war. Womöglich in einem Zwischenraum zwischen der Außenmauer und den angrenzenden Häusern.

Mit diesem Gedanken begann der Dichter bald die Außenmauern des Palastes abzuschreiten, sich in den Schatten herumzudrücken und dort mit dem Fuß im Sand zu scharren, unter dem sich womöglich eine geheime Luke befand, die ihn von seiner Geschichte trennte.

Nun, es ist von alters her das Vorrecht des Dichters, an jenem dünnen Halm Hoffnung, an den er sich verzweifelt klammert, hinauf in den Himmel zu klettern ...

Es war der siebte Tag und eine seiner beiden Wochen vorüber, als der Dichter zwischen der nördlichen Außenwand des Palastes und dem Lager eines Teppichschacherers einen rostigen Ring zu seinen Füßen entdeckte. Er schaute sich um, ging in die Hocke und stellte fest, dass besagter Ring auf eine Platte von Palmholz genagelt war, die wiederum über einem Loch lag, das ihm so finster wie das Tor zur Unterwelt entgegengähnte. Ein Eingang, der ihn in eine verbotene Welt führen würde, aus deren Innerem er Ungeheuerliches zu stehlen gedachte.

Im nächsten Moment nämlich verschloss er die Falltür wieder und blickte sich hastig um, ob auch niemand ihn bei seiner Entdeckung beobachtet hatte. Eilig scharrte er mit den Füßen neuen Sand über das rissige Holz und trat dann an die Mauer, um die rechte Stelle zu markieren, wo jene Falltür gelegen war. Er hatte noch nicht einmal die Zeit gehabt, sich ein Zeichen zu ersinnen, als er eben dort, wo er es hätte anbringen wollen, ein kleines rotes Kreuz entdeckte.

Dies Abenteuer wurde mit jeder Stunde wunderlicher. Und wäre es nicht das Morgenland, die Heimat Sindbads, Sheherazades und Harun al Rashids gewesen, der Dichter hätte an all diesen wunderlichen Blüten der Wirklichkeit gezweifelt und dem Fremden gegenüber eingestanden, dass diese Aufgabe ihn an die Grenzen seiner Fertigkeiten geführt und er letztendlich versagt habe. So aber wies ihm ein weiteres Mal das Schicksal seinen Weg, den Weg der Tapferen, der Wagemutigen, den Weg derer, die Tinte im Herzen und ein Gemüt aus Pergament haben.

Bei Tag hatte er nicht gewagt zu überprüfen, wie dieser Weg verlief und wo er endete. Doch war er sich sehr wohl bewusst, dass das Wohlwollen des Schicksals ihm diesen Gang geschenkt hatte. Und jenes Schicksal, soviel wusste er, verlachte den Reisenden niemals auf der Hälfte des Weges. Es erlaubte sich seine Späße zu Beginn einer Reise oder am Ziel. Sein Abenteuer war jedoch nunmehr so weit fortgeschritten, dass das Schicksal diesen Gang weder zu früh enden noch falsch verlaufen und in der Waffen- oder Vorratskammer enden lassen würde.

In dieser Gewissheit kehrte der Dichter heim um sich zu rüsten für die Zeit, die vor ihm lag. Und er raffte seine Sachen zusammen. Zunächst einen großen Beutel voll Tinte und Schreibgerät. Die gläsernen Federn waren jedoch zu zerbrechlich, die chinesische Tinte würde nicht reichen und das nepalesische Papier war zu schwer. Er griff ein kleines Fässchen gewöhnlicher Tinte, ein gutes Dutzend ausgefranster Federkiele und ein Bündel Pergament, und steckte all das in einen Beutel aus schwarzem Tuch. Dann tat er ein Fässchen Lampenöl, eine seiner alten Lampen, einige trockene Datteln und Feigen dazu und hängte sich noch zwei Wasserschläuche um. Er war bestrebt, ein Schatten zu werden, schlüpfte in ein dunkles Gewand, schwärzte sein Gesicht und umwickelte sein Haupt mit schwarzem Tuch.

Und als er zur Nacht hin sein Haus verließ, sich durch die Gassen der Stadt bis hin zur äußeren Mauer des Palastes schlich und dort die geheime Pforte im Sand öffnete, da schien er wahrhaftig ein Schatten. Er war der Schatten, den fortan die Schönheit werfen würde, ein Schatten, den Allah, der Höchste selbst, mit Augen, Ohren und Zunge versehen hatte.

Der Dichter schloss die Falltür und betete, dass der Wind sie bis zum Morgen von neuem mit Sand bedeckte. Dann hob er die Lampe aus dem Inneren seines Umhangs und sah nun in ihrem flackernden Widerschein zum ersten Mal das Innere des Ganges. Er war offenbar nicht sehr alt, mit Palmholzstreben abgestützt, mit dünnen Brettern verschalt und dabei so eng, dass er bloß kriechend zu durchqueren war. Im Dunkel vermochte er nicht sonders weit zu sehen, aber die Richtung des Ganges schien ihm die richtige zu sein, weshalb er ohne Zögern voran und in das Innere kroch.

Er legte gewiss einige Dutzend Meter zurück, spürte feinen Sand durch die Deckenbretter rieseln und glaubte über sich zeitweise gar die Schritte der Palastwachen zu hören. Keine zwei Meter unter ihren Füßen drang er in das Heiligtum des Palastes vor und beging die ungeheuerlichste Tat, die in dieser Stadt überhaupt möglich war.

Und dann sah er Licht. Das Licht von Lampen, die von oben her durch die Zierlöcher eines hölzernen Gitters drangen, das den niedrigen Gang beendete.

Vorsichtig kroch er an das Gitter heran und verbarg dabei die Flamme seiner eigenen Lampe mit der Hand. Er atmete tief durch. Und bevor er noch einen ersten Blick durch das Gitter geworfen hatte, knotete er sein Bündel auf, breitete auf dem Stoff Feder, Tinte und Papier aus, stellte die Lampe daneben und legte das getrocknete Obst und die Wasserschläuche dazu. Und Unter knarrenden Deckenplatten bereitete er sich in jenem Gang, inmitten des Sandes, eine Schreibstatt, wie es sie noch nicht gegeben hatte. Und da er seinem Stande genüge getan und den Grundstein seiner Geschichte gelegt hatte, war er bereit. Nun wagte er jenen Blick, der den wenigsten nur vergönnt und den weniger noch überstanden hatten. Er führte sein Auge an einen aus dem Holz geschnitzten Stern, kaum größer als der Nagel eines Daumens und doch das Tor in eine andere Welt.

Inmitten der sacht sich windenden Schwaden wohlriechenden Rauches, der aus heißen Kohlebecken aufstieg, schaute er die Heimstatt der Schönheit. Im Herzen des Raumes lag ein Becken, an dessen Rand einige Wasserpfeifen standen.

Ringsherum waren Lager aus Kissen aufgeschichtet, während an den Wänden des Raumes geschnitzte Trennwände und dünne Seidentücher die Lager der einzelnen Frauen voneinander trennten. Hinter einigen der Tücher drang leises Flüstern hervor, zwischen den Wänden flackerte das Licht einzelner Lampen, während der Raum selbst vom Licht einer einzigen vieldochtigen Lampe und der Glut der Kohlebecken erhellt wurde. Jene Lampe hing in einiger Höhe über dem Becken in der Mitte zweier Ketten, welche die vier marmornen Säulen an den Ecken des Beckens miteinander verbanden. Um jene Säulen und die Ketten wanden sich Schlinggewächse und am Fuß der Säulen standen Körbe mit Obst.

Das Licht und der Rauch machten all das beinahe unwirklich. Der Dichter genoss diesen Augenblick des Staunens, wie er seinesgleichen selten nur vergönnt ist. Da rauschte plötzlich das Wasser, und aus seinen Tiefen erhob sich eine Frau. Sie drehte ihm den Rücken zu, und schaudernd sah er ihr Haar, ihren Hals und ihre Schultern, auf denen Wassertropfen wie kleine Edelsteine schimmerten.

Er sah sie, erbebte, und wendete sich ab ...

Die Schönheit; ja, jeden Frevel war er bereit zu begehen, sie zu sehen; zu erkennen und darüber zu schreiben. Aber seinen Blick ohne Scham einem wilden Pferd gleich durch ein fremdes wunderbares Land reiten zu lassen. Wie wenig Dichter, wie sehr Mann wäre er gewesen.

Er kannte den Unterschied. Er war Dichter gewesen, um Mann, und Mann gewesen, um Dichter sein zu können. Dies aber war ein Ort, an dem der Mann ihm allzu leicht zum Verhängnis hätte werden können. Der Mann hätte jenes Gitter durchbrechen, die

Hände nach jenen Edelsteinen ausstrecken, sie mit der Zunge rauben mögen, jeden einzelnen, Stück für Stück, bis zur Ohnmacht, der ihren oder der seinen. Er aber würde schreiben von diesen Diamanten und ihren Raub anderen Händen überlassen ...

In seinem Rücken vernahm er auf den Fliesen die Schritte nackter Füße, und schamhaft hielt er seine Augen auf den Boden des Ganges gerichtet, bis die Schritte verklungen waren.

Dann drehte er sachte den Kopf und betrachtete das dünne Stück Wand, das ihn von dem trennte, was der Mann in ihm restlos verschlungen hätte, um sich daraufhin mit vollem Bauche zufrieden enthaupten zu lassen. Der Stern, durch den sein Blick sich geschlichen hatte, war nicht der einzige seiner Art; da waren sechs, die sich auf der Höhe seiner Augen, und den Geschöpfen auf der anderen Seite in Höhe ihrer Fesseln befanden.

Einige stumme Momente folgten seine Blicke den wabernden Schwaden, einige Augenblicke glaubte er, den Duft fremdländischer Kräuter zu riechen, und betrachtete den Raum, der selbst in seiner Leere noch Spuren von Wunder zu beherbergen schien.

Da waren vor allem die Spuren, das schillernde Wasser, das auf den Fliesen die zierlichen Füße einer fremden Zauberin nachzeichnete. Ihre Schritte waren ihre Schrift auf den Fliesen des Bades. Sparsame Worte von flirrender Kraft. Vier vielleicht, die er zu lesen vermochte, fünf mehr womöglich im Schatten, doch formten diese Zeichen eine Geschichte, die er selbst nie zu schreiben vermocht hätte ...

Langsam verloschen die Lampen hinter den Tüchern, erkalteten die Kohlen und das Flüstern zwischen den Wänden verklang. Schweigend hatte der Schlaf sich auf den Rücken des schwarzen Mustangs Nacht geschwungen und einzig der Dichter war es, der ihm, bevor er mit den Träumen der Schlafenden davongaloppierte, noch einmal in die Augen blickte.

Er würde seine Träume für sich zu bewahren wissen, sie in dem zerbrechlichen Gefäß seines Schlafes verbergen, sie einfärben, um sie tags darauf dem Papier zu opfern.

Als er seine Lampe löschte, hörte er in der Ferne den leisen Hufschlag eines schwarzen Hengstes, und als er einschlief, tat er es zu Füßen der Schönheit, im Dunkel eines Ganges, der unter dem Harem seines Herrn lag.

V.
Der vollkommene Tanz

Es war ein Licht von hundert Farben, das den Dichter tags darauf weckte. Und als er sein Auge an das Guckloch brachte, erkannte er als Ursprung jenes Lichtes das gläserne Dach, dessen Farben beinahe anmuteten, als habe der Sultan darin die Seele des Regenbogens gefangen und ein gutes Dutzend nie gekannte Farben hineinschmelzen lassen ...

Die Beschaffenheit jenes Daches, das sich über dem Zentrum des Harems aufspannte, hatte nun zur Folge, dass es im Inneren des Raumes weder einen Flecken gab, der nicht erhellt, noch einen, der farblos gewesen wäre. Was diesen Mauern zum Abend hin die dichten Schwaden schwelender Kräuter waren, war ihnen am Tage ihres aberbunten Deckenfensters Licht.

Schon der Raum selbst, die Säulen, das Fenster, das Becken und all die Wände und Tücher waren derart durchdrungen vom Geiste der Schönheit, dass seine Feder sich zur Herrin des Dichters machte. Nichtig waren über Nacht die Worte über die Pracht des Palastes, jene Geschichten vermeintlicher Wunder geworden. Der Zauber des Lichtes durchdrang diesen Raum mit einer Wahrhaftigkeit, dass jede mögliche Ausschmückung dem Dichter fad erschien.

Und so war es das Licht, über das er bis zum Mittag im Dunkel seines Ganges schrieb. Erst später begann er, aus dem Schutz des Schattens heraus seinen Blick im Harem schweifen zu lassen.

Er erblickte unwirkliche Körper, die ganz durchdrungen von Zauber dahinglitten, während jede ihrer Bewegungen Teil eines Tanzes schien, dessen Gesetze dem Betrachter auf ewig unbekannt bleiben würden. In jenem Raum befand sich ein gutes Dutzend Frauen, die aus allen Teilen der Welt zu schienen. Ihre Haut schimmerte in unterschiedlichen Tönen, da waren so viele Temperamente, Körper und Gesichter, von denen keines einem anderen auch nur im Ansatz glich.

Es waren dann auch diese Gesichter, die den Dichter schaudern ließen. Mit jedem Blick auf die unverschleierten Züge einer der Frauen spürte er das Bedürfnis, Allah um Vergebung zu bitten. Sie schienen ihm wie Geheimnisse, die Er in der Gewissheit vor der

Welt verborgen hatte, dass sie noch nicht bereit war, um sie zu wissen. Allah selbst hatte den Sultan zum Bewahrer dieser Geheimnisse bestimmt, und nun war es der Dichter, der seinem Willen trotzte, um jenen Geschöpfen heimlich Flügel aus Worten zu weben ...

Letzten Endes aber war eben dies die Bestimmung, die ihm zuteilgeworden war. Und da jeder auf dem ihm zugewiesenen Platz im Leben nicht mehr als sein Bestes geben kann, gedachte der Dichter eben das zu tun. Seine Feder würde jene Gesichter, jene Körper und ihre Geschichten ohne Falsch und ohne Schleier nachzeichnen. Und einzig seiner Feder würde er es überlassen, ihre Sätze um jene Geschöpfe zu entfalten. So beobachtete er aus seinem Versteck heraus nun das Treiben im Inneren des Harems, sah Frauen, die einander die Haare kämmten, sich umeinander kümmerten. Er sah sie lächeln, sah Tränen, die auf ihren Wangen trocknen und wie sie versonnen ihre Wasserpfeifen rauchten.

Stunden ruhte er dort, der Schönheit zu Füßen, und wagte doch nicht mehr, als über den Raum zu schreiben, in dem sie vor der Welt sich verbarg. Er wusste nicht wo anfangen, wie fortfahren, geschweige denn wie die Geschichte beenden.

Nicht ein Wort hätte er über diese Frauen schreiben wollen, das ihnen nicht gerecht geworden wäre ...

Und so beschloss er, auf der Lauer zu liegen, bis eine Geschichte ihn aus jenem Raum heraus ansprang. Bis dahin würde er staunen, wortlos, reglos, bis Allah ihm ein Zeichen gab, dass das Blatt bereit für die Feder war.

Es war spät und das bunte Licht längst dem Glühen der Kohlen gewichen, als auf einem Diwan, kaum zehn Fuß von seinem Versteck entfernt, eine Frau einer anderen das Haar zu flechten begann. Und der Dichter gewahrte, dass sie leise zu zueinander sprachen, und siehe, seine Feder schrie nach Papier.

Die Haut jener, der das Haar geflochten wurde, war von einer Farbe, welche die Sonne einem Volk schenkt, das sie liebt. Ihr Haar war schwarz und stark, eine unbändige Mähne, die zu bezähmen es Geduld und Willens bedurfte, und ihre Augen strahlten in einem hellen Braun, orange beinahe, wie lodernde Öfen, in denen Flammen tanzten und in denen alles, was vor ihnen nicht bestand, vergehen musste. Diese Augen glommen heller als die Kohleschalen, und als sie jener in ihrem Rücken ihre Geschichte erzählte, da hatte längst schon ihr Blick das Gemüt des Dichters in Flammen gesetzt.

Sie war eine Tänzerin aus der Nähe von La Mancha. Ihre Schuhe waren es gewesen, welche die Bühnen der Gegend den Flamenco gelehrt hatten. Und hätte man einen von dort gefragt, wer den Tanz in die Welt gebracht hatte, so hätte er ihren Namen genannt.

Sie hatte den Tanz erfunden und alles, was vor ihr gewesen war, war was auch immer gewesen.

Ganz Tanz waren ihr Körper, ihr Gemüt und ihr Geist, und was immer sie tat, mutete an, als ob sie tanzte. Es war Tanz, wenn sie sprach, Tanz, wenn sie schlief und jeden, der sie tanzen sah, verzauberte sie. Den Menschen schien es eine Gabe ihres Gottes. Einige hundert Jahre zuvor hätten sie sie freilich im Namen des gleichen Gottes verbrannt, doch nicht in jenen Tagen und nicht in La Mancha.

Sie tanzte auf den Händen der Menschen, und wenn sie ihr Bein hob, dann war Musik, wo immer sie war. Sie trug ein Kleid von flammendem Rot, das hatte der beste Schneider des Ortes gefertigt, dass es ihren Füßen diene. Es war aus einem leichten Stoff gemacht, geschlitzt bis kurz unter die Hüfte, tief ausgeschnitten und mit weiten Ärmeln versehen. Kurzum, das Kleid war Tanz und wann immer sie es trug und anhob, da verwandelte es sich in ein Flammenrad.

Schöpfung und Zerstörung zugleich war ihre Kunst; sie beseelte, entflammte und zertrat.

Es bedurfte einiger Kraft, jenem Geschöpf nicht zu verfallen, das ganz Leidenschaft war, seine Seele in den Füßen trug und ganz Sirenensang schien. Wen sie auch passierte, fing Feuer, und unter ihren Füßen zersprangen die Herzen, und da war niemand, der sie hätte halten können ...

Bis zu ihrem vierzehnten Lebensjahr war sie herangewachsen unter dem Schutz ihrer Mutter, welche auch der glühendste Verehrer nicht zu überwinden vermochte. Bis zu einem Sturz war ihre Mutter selbst Tänzerin gewesen, und hatte darum ihren Ehrgeiz ihrer Tochter vererbt und sie gelehrt, was der Tanz war: ihr Reichtum, ihr Schlüssel in der schillernden Türe des Glücks, ihre Macht. Der Tanz würde das Einzige sein, dessen sie sich sicher sein konnte. Wenn sie glücklich werden wollte, sollte sie seiner Vervollkommnung ihr Leben widmen. Männer würden kommen, um sie mit ihrem Traum zu entzweien, allein für sich in ihren Betten sie tanzen zu lassen. Niemals aber, um ihres Seelenheiles Willen, dürfe sie das zulassen!

Im Bewusstsein, ihre Tochter nicht länger vor jenen schützen zu können, welche die Tänzerin mehr als den Tanz schätzten, langte ihre Mutter auf dem Sterbebett in ihr ergrautes Haar und vermachte ihr ohne Worte ein schimmerndes Kleinod; eine Haarnadel von feinstem Stahl geschliffen, die aus Toledo stammte, wo man aus dem gleichen Stahl die besten Schwerter Spaniens zu schmieden pflegte.

Und zum ersten Mal, seit sie vier gewesen war, schwiegen nach dem Tod ihrer Mutter für eine Woche die Füße ihrer Tochter. Und dann begannen die Dinge sich zu ändern.

Sie begannen sich ihr zu nähern. Burschen, Männer, wie Motten dem Licht. Und es war nicht der Tanz, den sie begehrten ... Sie kamen, sprachen von Tanz und meinten die Liebe. Hätte sie selbst geliebt, ihre Liebe wäre Tanz gewesen.

Doch sie liebte nicht, wusste nichts von der Liebe, wollte nichts davon wissen, und duldete jene Männer nur, solange ihr Begehren dem Tanze zu gelten schien.

Und sie sprachen vom Tanz, lagen ihr zu Füßen, hörten ihren Atem und ahnten unter jenem Kleid die bebende Brust. Sie gaben vor, ihre Beine salben zu wollen, um die Glut des Tanzes zu kühlen, um jene vollkommenen Werkzeuge geschmeidiger noch zu machen.

Und berührten sie ihre Fessel, glaubten manche es noch selbst, ihr Knie aber brachte der hehren Absicht Vergessen und vermochte einer den Schlitz ihres Kleides zu weiten, den Schweiß von ihren Schenkeln abzustreifen, dann gab es keinen Tanz mehr für ihn ...

Und eben das war sein Verhängnis.

Kaum nämlich, dass sie spürte, wie der Tanz aus ihren Gedanken schwand, bat sie die Männer ein einziges Mal, von ihr abzulassen. Das nun wieder taten sie selten, meinten sie doch, dass ihren Händen genug Überzeugungskraft innewohnte.

Wie aber hätte seine Hand gegen die Worte der Mutter bestehen können? Blieb die Hand auf dem Weich ihrer Schenkel ruhen, entfesselte ihre Hand einen silbernen Blitz, trieb dem Verführer die Nadel ins Herz und der Stahl aus Toledo brach sein Auge.

Ein gutes Dutzend der besten Männer La Manchas fand auf diese Weise den Tod, während andere mit Glück überlebten. Die wenigsten aber hatten je wieder den Körper einer Tänzerin zu begehren gewagt …

Sie tanzte, tanzte auf den Festen, den Plätzen, in den Straßen und die Spuren ihrer Schuhe flüsterten Tanz. Mit jedem Jahr näherte sie sich weiter der Vollkommenheit, und mit jeder Nuance, die sie sich ihr näherte, wuchs ihr Zauber.

Und im gleichen Maß, in dem ihr Körper zum vollkommenen Werkzeug des Tanzes reifte, wurde es schwerer, ihr zu widerstehen.

Bald bedeckten Männer, kaum dass sie tanzte, ihre Augen. Andere verließen, ob sie doch eigentlich lieber ihre Frau verlassen hätten, mit ihren Frauen La Mancha.

Die Verführbaren flohen die Tänzerin, und mit 25 Jahren war sie schließlich allein in ihrem Heimatdorf. Ihr Tanzplatz war der Garten ihres Elternhauses und statt Applaus hallte von den Wänden leerer Häuser einzig der Klang ihrer Kastagnetten wider. Ein alter Bauer brachte ihr, was immer sie zum Leben brauchte. Allein lebte sie in ihrem Garten und in La Mancha war ihre Kunst Legende geworden. Man sprach von ihr, erinnerte sich an sie, doch fürchtete sie zu sehen, denn ihr Tanz war Feuer und entflammbar ist der Mensch.

Dennoch verirrten sich immer wieder einzelne Verehrer in jenes kleine Dorf in der Provinz und wurden von ihr einer nach dem anderen unweit des Hauses begraben. Ganz Tänzerin war sie und opferte ihnen nicht einen Schritt.

Der Preis ihrer Perfektion war die Einsamkeit.

Bis schließlich einer um des Tanzes Willen kam. Don Pruebo y Manera war ein Mann, der wie sie sein Leben dem Tanz gewidmet hatte.

Er hatte die großen Tänzer der Welt getroffen, den Tanz studiert und ein Dutzend Sprachen gelernt, um Bücher darüber lesen zu können.

Allein, Don Pruebo hatte einen Klumpfuß seit Geburt. Ihm war der Tanz kaum mehr als ein Traum, dem er den größten Teil seines Lebens geopfert hatte. Als er in jenem Ort anlangte und an die Tür der Tänzerin schlug, war er 52 Jahre alt. Und da er sie tanzen sah, wusste er sich am Ziel seiner Wünsche. Er hatte Bücher gelesen, Lehrern gelauscht und Menschen tanzen sehen. Dies aber war kein Mensch, kein Wort, keine Lehre und kein Wissen, dies war Tanz!

Und prachtvoller noch wurden ihre Schritte durch sein Wissen und sein Wort. An der Seite ihres Körpers tanzte sein Gemüt, sie tanzten bis zur Nacht und er war der Erste, der wahrhaftig ihre Beine um des Tanzes Willen zu salben begann.

Sieben Jahre lang blieb er bei ihr.

Sieben Jahre, in denen er nichts anderes begehrte als den Tanz in ihr. Die Tänzerin und Don Pruebo waren eines in ihrem Traum; Geist und Körper des vollkommenen Tanzes. Sie schliefen Tür an Tür, tanzten Seite an Seite und die Einsamkeit schnürte ihr Bündel und ging.

Die Dinge aber änderten sich, und sie lauschte ihm, wie einst die Menschen sie betrachtet hatten.

Aufrichtig liebte sie seinen Tanz, doch ebenso aufrichtig begann sie, in dessen Schatten ihn selbst zu begehren. Und da sie ganz Teil seines Tanzes war, wollte sie auch sein Herz erobern. Ein Herz, das vollkommen vom Tanz erfüllt war und keine andere Leidenschaft kannte. Und da sie sich darum bemühte, hielten ihre Füße inne im Tanz.

Zwei Jahre lang versuchte sie es, begann für ihn zu kochen, nähte ihm prächtige Kleider und schrieb ihm Briefe, die voll waren von aufrichtiger Liebe.

Wenn sie tanzte in jenen Tagen, dann tat sie es für ihn, und genoss es weniger Tänzerin als vielmehr Frau zu sein.

Und mit jedem Tag rückte sie näher an ihn heran.

Don Pruebo aber erging es anders.

Er hatte seiner unerbittlichen Vision doppelt so lange gedient wie sie, und in seinem Inneren war nichts anderes als Tanz. Weder genoss er, was sie kochte, noch schätzte er, was sie nähte oder schrieb. Das Einzige, was er in jenen Tagen gewahrte, war, dass sie weniger tanzte.

Mit jedem Tag verdüsterte seine Miene sich mehr und der Tanz ihres Herzens rührte ihn wenig. Sie aber gab nicht auf, und irgendwann nahm sie ihren ganzen Mut zusammen.

In der Nacht, da sie ihm ihre Liebe gestand, wurde sie von Don Pruebo verlassen.

Und von dem Tag an, da er sie verlassen hatte, hörte sie auf zu tanzen und würde es, das hatte sie sich geschworen, nicht wieder tun, bis ihre Liebe die gleiche Erfüllung wie ihr Tanz erfahren hatte ...

Dem Dichter schmerzte die Hand.

Vor ihm auf dem Pergament aber ruhte die erste Geschichte, die jemals das Innere des Palastes verlassen würde.

Und auch wenn seine Feder schwieg, war das Gespräch der Frauen noch nicht zu Ende. Denn nun erzählte sie, wie sie an diesen Ort gelangt war.

Das jedoch war eine Geschichte, wie es viele gab, denn der Weg einer Frau in den Mauern dieses Harems unterschied sich in der Regel kaum nur von dem der anderen. Dennoch lauschte ihr der Dichter.

Einige Jahre nach dem Tod ihres Geliebten hatte der König von Spanien, der von ihrer Kunst gehört hatte, sie an seinen Hof holen lassen. Doch da sie vor ihm nicht tanzte, hatte er beschlossen, sie dem Sultan zum Geschenk zu machen, um die Bedingungen für den Handel mit Gewürzen zu verbessern. Er wusste freilich, dass sie auch vor dem Sultan nicht tanzen, aber noch ein paar Jahre hübsch anzusehen sein würde.

Sie beendete ihre Geschichte, und als sie sich einen Moment später erhob, sah er aus dem Dunkel heraus in ihrem Zopf drei graue Haare schimmern.

Auch wenn sie nicht tanzen wollte, war doch allein die Bewegung ihres Haares schon Tanz.

Und als er sie dann in Richtung ihres Diwans davonschreiten sah, da flüsterten ihre Füße dem Boden eine Ahnung ihrer Kunst ...

VI.
Drei Welten

Als der Dichter erwachte, fiel längst das Sonnenlicht durch das bunte Oberlicht, durchflutete jenen zauberhaften Raum, um Blätter, Früchte und Haut zu ertasten, sich in ihnen zu spiegeln und an der Vollkommenheit dieses Ortes teilzuhaben.

Durch die kleinen sternförmigen Löcher blinzelnd versuchte er zu erahnen, welche Zeit des Tages es wohl sein mochte. Doch erfolglos. Und selbst das leise Lachen der Frauen, die um das Becken oder hinter ihren hölzernen Wänden saßen, verriet ihm nichts darüber. Er sah zwei von ihnen, von außerordentlicher Schönheit, sie saßen dort und zogen gemeinsam an den Mundstücken einer mit funkelnden Opalen geschmückten Pfeife. Er betrachtete, bestaunte, begehrte sie, sah wie das lange Haar der einen und der anderen im Licht der Sonne schimmerte und ahnte gar, wie ihre Haut nach dem Bad und in der Wärme roch. In sich spürte er ein Verlangen, das ihn zunächst nach der Feder greifen ließ, ihn im nächsten Augenblick jedoch erschreckte, da es vollkommen gestaltlos und völlig ohne Inhalt war.

Als er jene beiden Frauen schließlich noch einmal genauer in Augenschein nahm, ließ die Leere ihrer Blicke und die Vollkommenheit ihrer Körper ihn erahnen, dass sich hier nichts verbarg, was wert gewesen wäre, aufgeschrieben zu werden.

Stattdessen gewahrte er kurz darauf einen untersetzten Eunuchen, der im Begriff stand, einen Teil der Ostwand zu richten, wo das Mauerwerk brüchig geworden war. Der Harem war der älteste Teil des Palastes, er war zuerst und vor allem anderen gebaut worden, und begann das mahnende Flüstern der Zeit darob lange vor dem Rest des Gebäudes zu vernehmen ...

Vor einem entsprechend beachtlichen Loch hockte nun der Haremsdiener, neben sich einen Stapel gebrannter Ziegel, und einen aus Kameldung, Lehm und Wasser angerührten Mörtel in einem kleinen tönernen Tiegel.

Der Dichter beobachtete den Mann, der sich bei dem was er tat, alles andere als wohlzufühlen schien. Es wirkte, als habe er noch nie zuvor einen Ziegel in Händen gehalten, geschweige denn ihn in eine Wand gesetzt. Der Dichter aber verstand. Wie hätte ein Baumeister die Schäden im Inneren des Harems richten sollen? Kein Mann, der wahrhaft Mann war – bei diesem Gedanken lief es dem Dichter eiskalt den Rücken hinab –, durfte diese Räume zu Gesicht bekommen, und so hätte es nur zwei Möglichkeiten gegeben: Der Sultan hätte seine Frauen fortschaffen oder dem Baumeister seine Männlichkeit nehmen müssen.

Das eine war zu aufwendig, das andere zu undankbar, weshalb der Sultan derlei Arbeiten von seinen Eunuchen besorgen ließ, nachdem diese von seinen Baumeistern entsprechend angewiesen worden waren. Diese hatten jenem Manne gewiss eingeschärft, wie die beschädigten Steine aus der Mauer zu schlagen und durch neue zu ersetzen wären. Das aber versprach, eine langwierige harte Arbeit zu werden, die kaum dem Geschmack jenes Eunuchen entsprach. Wie aber dieser Mann seine Aufgabe verrichtete, war nun das eine. Vor allem staunte der Dichter nämlich über die Ruhe und Gleichgültigkeit, mit der er es tat, während in seinem Rücken die nackten Füße von Geschöpfen den Boden berührten, deren Anblick die meisten Männer blind oder irr gemacht hätte.

Aus allen Winkeln und Nischen flüsterte Schönheit, feuchte zierliche Fußspuren raunten Verführung, und wispernd schimmerte zwischen den Schleiern nackte Haut dem Auge entgegen.

In den Adern dieses Mannes konnte nicht ein Funke Lust, nicht eine Ahnung Mannbarkeit mehr sein, dass er diesen Anblick mit derartigem Gleichmut zu ertragen vermochte.

Dem Dichter hingegen fiel es schwer, den Anblick jener Wunder ruhig zu ertragen. Im Gegensatz zu den meisten anderen aber vermochte er das, was er sah, auf das Blatt zu schreiben, die Verführung und Magie dieses Ortes demjenigen aufzubürden, der seine Worte letztendlich las. Es war, als ob der Zauber durch ihn hindurch bis in seine Feder floss.

Im Inneren jenes Haremsdieners schien dieser Zauber an einer Wand zu zerschellen, die besser gemauert war und dabei nicht Tür noch Fenster hatte. Welch ein Frieden, dachte der Dichter bei seinem Anblick, musste einem solchen Menschen der nächtliche Schlaf bereiten, wie wenig würden seine Träume von dem durchdrungen sein, was einen Dichter plagt, wenn Musen und Mahren nachts um seine Gunst buhlen. Im Gegensatz zu jenem Mann würde er von diesem Ort träumen.

Ein halbes Jahr zumindest, den Rest seines Lebens womöglich, und jedes Mal würde er schweißnass erwachen.

Dabei wusste er wohl um einige Wege, die zum ruhigen Schlaf eines Eunuchen geführt hätten; Den Chinesen genügte ein Messer, den Griechen zwei Steine. Doch das eine wie das andere schloss unwiederbringlich die Tür zur Schatzkammer allen Begehrens. Und eben dort lagen die Geschichten verborgen, die es ihm zu schreiben galt. Um nichts in der Welt würde er sich von seinem unruhigen Schlaf befreien lassen, ob auch jener ruhige Mann an den Ufern der Verlockung, dem alles Begehren fremd geworden schien, ihm ein willkommener Anblick war. Denn zu sehen, wie ungelenk er seine Arbeit verrichtete, schien ihm eine Ahnung von Fehlerhaftigkeit in diesem ganz mit Vollkommenheit angefüllten Raum. Da war Schönheit, da war Pracht, frisches Obst schmückte die Körbe und Edelsteine die Nabel der Frauen, und allerorten lugte zwischen Blättern, Stoffen und Haaren die Verlockung hervor. Nichts hier hätte schöner, hätte vollkommener sein können, nichts außer jenem Stück Wand, das zu reparieren einer gekommen war, den all die Vollkommenheit nicht scherte ...

Gerade wollte der Dichter seinen Blick wieder senken, um im folgenden Absatz noch einmal jene Kuppel aus farbigem Glas und das Spiel der Sonne darunter zu würdigen, als unverwandt etwas geschah: Eine der Frauen hatte sich im Rücken des Eunuchen aufgebaut und betrachtete abschätzig seine bisher getane Arbeit. Schließlich schob sie ihn beiseite und griff nach seinem Werkzeug.

Weder Dichter noch Eunuch verstanden, was sie sagte, denn sie kam aus dem Norden Europas und fremde Sprachen scherten sie nicht. Was immer jene Frau gesagt haben mochte, einen Augenblick später legte sie ihre Weste ab, begann mit dem Hammer die Wand weiter aufzubrechen. Auf dem Rücken ihres Kleides, das ärmellos und grün war und an einigen Stellen beinahe durchsichtig wirkte, sah er ihren Schweiß. Einen dunklen Fleck, der sich bis zu ihren

Schultern ausbreitete, wo unter ihrer Haut ihre Muskeln zitterten ... Und während jener Eunuch nun die Hände über dem Kopf zusammenschlug und der Dichter von seinem Blatte abließ, griff sie nach den Ziegeln und machte sich ans Werk ...

Wenige Stunden später hatte sie die Mauer wieder gerichtet.

Die alten Ziegel hatten sich zwischen die neuen gefügt und jetzt saß der Eunuch davor und fuhr staunend mit der Hand darüber.

Sie hatte sich erhoben, über ihr dämmerte schon der Abend, und dann war sie zwischen den anderen Frauen hindurch bis an das Becken geschritten, hatte ihr Kleid abgelegt und war langsam hineingewatet.

Wieder senkte der Dichter seinen Blick, als das Kleid von ihrer Schulter glitt. Auch ohne den Anblick ihrer Nacktheit würde er von ihr träumen, würde sie ihm seinen Schlaf zu rauben verstehen. Er hatte den Schweiß auf ihrem Rücken gesehen, den Schmutz auf ihrer Haut, er hatte ihren Atem gehört und unter ihrem Kleid die Spitzen ihrer Brust geahnt. Und während das Wasser sich um ihren Körper schloss, wusste er, dass es ihre Geschichte war, die er als nächstes würde niederschreiben müssen:

Ihre Jugend im Herzen Europas war ein Wechselspiel aus Furcht und Freude gewesen. Ein wilder Taumel, in dessen Zuge sie an verschiedene Gesetze und Götter geglaubt und ihr Leben sich wieder und wieder verändert hatte, so dass am Ende jener Zeit ein vielgestaltes Wesen stand, dem die Entdeckung zahlloser Welten bevorstand. Und ob auch mancher ihr Leben als ein solches bezeichnet hätte, blieb das Abenteuer ihr doch fremd. Sie trachtete nicht nach Abenteuer, trachtete einzig danach, ihre eigene Welt zu entdecken, eine Welt, in der Gesetz und Gott eines und beides das ihre war.

Das Tor zur ersten ihrer Welten öffnete ein Kartenspiel, darin sie einen Keller voll erlesener Weine gewann. So wurde sie Eignerin einer

Welt voll Rausch und Wein, und eben jenen zu erwerben, erschienen in ihrer Tür bald die hohen Herren ihrer Zeit.

In den folgenden Jahren lernte sie gleichsam viel über die Geheimnisse des Weines wie auch die besagter Herren, und wusste bald ebenso um die Geschichten der Berge wie jene der Reben, selbst die Sprache der Trauben lernte sie sprechen, derweil sie aus besagter Herren Mund auch erfuhr, wer mit wem aus welchem Grunde was getan.

Und mochte der Wein anderenorts womöglich auch besser sein, so kamen die Weinkenner des Landes doch zu ihr. Denn ihr Wein war beseelt mit ihrer Gegenwart, die einen Rausch verhieß, der nirgends sonst zu erlangen war.

Sie genoss jene Zeit, in der eine Laune des Schicksals sie zur Herrin über einen rauschhaften Quell gemacht hatte. Doch wie sehr sie diesen Umstand auch genoss, nachts rang sie mit ihren Mahren und der dunklen Gewissheit, dass diese eine Welt ihr kaum jemals genügen würde ...

In dieser Zeit erwarb sie nicht ein Fass, nicht eine Flasche, und nach und nach begannen – ohne dass es jemand gewahrte – die Schätze ihres Kellers sich dem Ende entgegenzuneigen.

Die Menschen kamen, tranken, genossen ihre Gegenwart und kauften ihren Wein.

Nach zwei Jahren dann lief aus dem letzten ihrer Fässer schließlich der letzte Wein in eines ihrer Gläser. Und dieses leerte sie selbst, leerte es mit Genuss, um daraufhin die Welt des Weines zu verlassen, die lang genug nun die ihre gewesen war ...

Es folgte eine Zeit, in der sie umherirrte zwischen den Welten, die sich ihre boten.

Männer hätten ihr Welten geschenkt, Träume hätten Welten ihr erschaffen, in keiner dieser Welten aber hätte sie leben können. Bis eines Tages sie von einer Bibliothek erfuhr, die ein kürzlich verstorbener Kenner guter Weine ihr vererbt hatte.

Jene Bibliothek war ein Raum voll erlesener und besonderer Bücher. Sie betrat ihn ebenso staunend, wie jenen Keller voll Wein Jahre zuvor.

Und sie begann zu lesen, Buch um Buch.

Jene, die sie gelesen hatte, veräußerte sie an die Gelehrten ihrer Zeit und erfuhr nach und nach gleichsam die Geheimnisse der Bücher wie auch die der Gelehrten. Wo immer sonst es was für Bücher auch immer geben mochte, sie alle kamen zu ihr, denn ihre Bücher waren mit ihrer Gegenwart beseelt, was sie wertvoller noch machte als sie es ohnehin schon waren ...

Doch so sehr sie ihr Leben in der Welt der Bücher auch genoss, nachts rang sie mit ihren Mahren und der dunklen Gewissheit, dass diese Welt ihr kaum jemals genügen würde.

Bei Tage aber las, lauschte und disputierte sie, während sich ihr ganz allmählich die Welt der Bücher erschloss. Sie las solche, von denen die wenigsten Menschen überhaupt wussten, um sie bald darauf an Leute zu verkaufen, die nicht minder geheimnisvoll waren.

Niemand aber, der jene Bücher erstand, gewahrte, wie ihre Regale sich leerten und nach und nach Buch um Buch aus ihnen schwand.

Nach zwei Jahren dann kam schließlich der Tag, da sie das letzte ihrer Bücher schloss und die Welt der Bücher, die nun lange genug die ihre gewesen war, hinter sich ließ.

Einmal mehr irrte sie, die sie die Hohen und Gelehrten ihrer Zeit kennengelernt hatte, durch die Welten im Inneren der Welt. Bis ihr ein Vorhaben zu Ohren kam, das immens und wunderbar und eine Welt wie Wein und Bücher war: Der Kaiser von China wollte, um die ewige Freundschaft zwischen seinem Reich und dem Morgenlande zu besiegeln, dem Sultan Abdul Hammit eine Moschee ganz aus Jade erbauen.

Diese grüne Moschee sollte von einem Baumeister erschaffen werden, der aus dem fernen Europa kam und nunmehr seinen Glauben in Allah gefunden hatte. Besagter Baumeister nun hatte sein Handwerk mit Büchern aus ihrer Bibliothek erlernt, so dass er sie nun auch wissen ließ, dass den Wundern der Welt ein weiteres hinzugefügt werden sollte.

Kaum, dass sie davon vernahm, zögerte sie nicht einen Moment, Teil dieses wundersamen Vorhabens zu werden. Sie schiffte sich nach dem Orient ein und begann, kaum an jenem Orte angelangt, Türme zu ersteigen und Gewölbe zu durchmessen.

Mauern, Fenster und Kuppeln schuf sie, und unter ihren und den Händen zahlloser Arbeiter wuchs im Lauf der Zeit im Herzen des Orients die grüne Moschee.

Es waren die Geheimnisse der Baumeister wie der Steine, die sie in diesen Tagen erfuhr.

Doch erschöpft rang sie nachts auf ihrem Lager noch immer mit ihren Mahren und der dunklen Gewissheit, dass auch diese Welt ihr kaum jemals genügen würde ...

Als jenes wundersame Gebäude schließlich zwei Jahre darauf vollendet und der letzte Stein darin verbaut worden war, nahm sie Abschied von der Stadt und dem Sand und jener Welt, von der sie lange genug Teil gewesen war.

Sie wollte nach Europa zurückkehren und fand alsbald auch ein Schiff, das sie zurückbringen sollte. Am Abend vor der Abfahrt jedoch machte sie eine Begegnung, die alles ändern sollte: Auf dem gleichen Schiff wie sie sollte auch eine gewisse Lady Montagu reisen, die der feinen Londoner Gesellschaft entstammte und die das osmanische Reich an der Seite ihres Mannes, eines britischen Diplomaten, bereist hatte. Dabei hatte sie angeblich Dinge erblickt, die den meisten Menschen auf ewig verborgen bleiben würden, hatte man ihr als Frau doch das Recht zuerkannt, Orte zu betreten, deren Zugang beinahe allen Männern auf immer verwehrt bleiben würde. Lady Montagu hatte nicht weniger als drei Harems von innen gesehen, und sie vermochte vom Viertel der Frauen und der Welt hinter den Schleiern zu erzählen, vermochte von ihrer Magie, ihrer Schönheit und dem Begehren zu sprechen, das sich hinter jenen Mauern verbarg.

Und wie sie nun die Worte jener Britin hörte, da regte in ihr sich die Neugier und die Gewissheit, dass die Geheimnisse des Begehrens nicht weniger bedeutsam als die des Weines, der Bücher oder der Baukunst sein würden.

Und so beschloss sie, im Orient zu bleiben, erwählte sich den Sultan, der sonst doch selbst zu erwählen pflegte, und hielt letztendlich Einzug in seinen Harem, um seine Geheimnisse zu erfahren.

Dies war der Weg, der sie an diesen wundersamen Ort geführt hatte, der anstatt von Büchern, Wein und Baukunst von den

Mysterien der Schönheit beseelt war. Und dennoch trug sie, ob auch Teil dieser Welt, selbst all jene Welten noch in sich, in denen bis heute sie gelebt hatte. Und da war etwas, dass sie und jene Welten miteinander verband, Teil ihrer Geheimnisse geworden war, und das denen, die darum wussten, unauslöschlich mit ihr verbunden war. Und dieses etwas war ihr Lachen.

Ihr Lachen, das von Zeit zu Zeit, abseits aller Etikette aus ihrem Inneren drang, ein Lachen, das gleichsam der Sultan, die Hohen, die Gelehrten und die Baukundigen ihrer Zeit gehört hatten, und das keiner von ihnen je vergessen würde. Durch all diese Welten klang ihr Lachen und manch einer trank oder las aus keinem anderen Grund, als ihrem Lachen zu lauschen. Jenen, die es kannten, klang es zwischen den Steinen, und aus dem Inneren von Flaschen, Fässern und Büchern hervor.

Und selbst wenn sie nachts noch immer mit ihren Mahren und der dunklen Gewissheit rang, dass auch diese Welt ihr kaum genügen würde, hallte mitunter dieses Lachen doch auch durch die Tore des Harems. Was immer auch geschah, ihr Lachen würde bleiben. Selbst wenn sie sich schließlich aufmachte, eine neue Welt zu suchen …

Wie seltsam, dachte bei sich der Dichter, wie der Mensch sich vollkommen in Welten zu fügen vermag, die miteinander nichts gemein zu haben scheinen. Und seltsamer noch, wie er in ihnen aufzugehen vermochte, sobald er es wagte, zu ihnen sich zu bekennen.

Diese Frau würde auf ihrem Weg in mancher Welt noch aufgehen, und dabei solchen begegnen, die sich darin weit weniger sicher als sie bewegten.

Er selbst war kaum mehr als ein Dichter, und würde nie etwas anderes sein.

Doch als er einschlief über diesen Gedanken, da waren es drei Welten und eine Frau, von denen er träumte …

VII.

Der Dieb im Dunkel

Erst spät erwachte am folgenden Morgen der Dichter. Seine Nacht war von seltsamen Träumen durchdrungen und sein Schlaf ein schlechter gewesen. Als er schließlich zum Mittag hin die Augen aufschlug, da tanzten ihm noch immer die Bilder seiner Träume im Kopf. Sein Erwachen aber war kein wirkliches, spielten doch seine Träume vor der gleichen Kulisse, die ihm auch die Wirklichkeit bot; im Schlafen wie im Wachen war er in jenem Harem und zwischen seinen Frauen gefangen, in einem Gefängnis, wie es kein sinnlicheres hätte geben können.

Statt nackter Mauern schaute er kostbare Tücher und wertvolle Schnitzereien, und statt rostiger Gitterstäbe schlanke Frauenbeine ...

Dies war ein Gefängnis nach seinem Geschmack.

Doch ihm würden kaum mehr als ein paar Tage bleiben, seine Gefangenschaft zu genießen. Dann würde er die letzte Seite umgeschlagen, das letzte Wort geschrieben haben und seine Geschichte würde mitsamt seinen Erinnerungen in den Besitz jenes Fremden übergegangen sein.

Gewiss, er würde wiederkehren, jenen geheimen Gang noch einmal öffnen und zurückkehren können in seine schattige Zelle. Das aber erschien ihm bei weitem zu gefährlich. Denn käme er zurück, so würde er es als Mann tun, und jene feinen Fesseln erstarrter Tinte, die ihn in diesem Moment gefangen und von der Lüsternheit fernhielten, wären gesprengt. Da wäre nichts mehr, das ihn zurückhalten könnte. Um hier und zu Füßen der Schönheit zu bestehen, brauchte er diese Geschichte, prächtige Worte, die mit der äußeren Schönheit in Wettstreit traten, damit diese ihn nicht rücklings überwältigte.

Zögernd raffte er sich auf, öffnete seinen Beutel und griff sich einige Datteln, die er mit einem kleinen Schluck Wasser hinunterspülte. Er hatte keinen wirklichen Hunger. Wie aber hätte neben Staunen, Begierde, Verzückung und Demut auch noch Hunger Platz haben können?

Er hatte diesen Gedanken noch nicht auf Papier gedacht, als ihn das Lachen der Frauen aufschrecken ließ. Hastig robbte er an das Gitter und lugte vorsichtig durch das sternförmige Loch.

Dort sah er die Frauen im Kreise um einen Eunuchen sitzen, der sich in allerlei putzigen Kunststücken erging. Er zog Grimassen, jonglierte mit Bällen und Schwertern, schluckte schließlich noch eines und verrenkte sich zuletzt noch derart, dass einem anständigen Menschen dabei übel geworden wäre.

Dieses Treiben erheiterte die meisten jener Frauen, die im Inneren dieser Mauern auf sich selbst und ein karges Maß an Unterhaltung beschränkt waren, außerordentlich. Sie lachten laut und ausgelassen und unter ihrem Gelächter sah der Dichter ihre Bäuche und Brüste beben, sah alle Eitelkeit vergessen und wusste einmal mehr, weshalb die großen Denker das Lachen immer schon für wichtiger als den Krieg erachtet hatten ...

Er genoss es, jene Frauen lachen zu sehen und ihnen zu lauschen. Das Lachen von zweien erkannte er dabei aus dem der anderen heraus: das Lachen der einen war vollkommen und klang dabei nach Wissen und Wein, während das der anderen wie von kleinen Schritten beseelt war und ihm beinahe wie ein Tanz erschien.

Von jenem heiteren Treiben angesteckt, begann leise auch der Dichter zu schmunzeln, bis kurz darauf er eine Frau gewahrte, die nicht bei den anderen saß.

Sie lachte nicht, sondern schwieg, schwieg die Mauern des Harems an und schaute mit sehnsuchtsvollem Blick empor zu einer der vergitterten Öffnungen, durch die frische Luft ins Innere des Raumes drang.

Der Anblick dieser Frau verwunderte ihn. Nur wenige Meter entfernt von der vollkommenen Fröhlichkeit blühte Schwermut in ihrem Schatten.

Sie war eine, die den anderen in Sachen Schönheit in nichts nachstand, hatte blondes Haar und stauneblaue Augen, in denen man sich vor der Welt hätte verstecken mögen. Ihre anmutigen Züge waren durchdrungen von einer Melancholie, die den Zauber dieser Frau beinahe noch vollkommener zu machen schien.

Und während der Dichter sie musterte, verhallte das Lachen in seinem Kopf vollkommen. Er sah bloß noch sie, jene schwermütige Schöne, deren schlanker Körper in ein enges helles Gewand gehüllt war, das jedem, der zu schauen wagte, von seiner Einzigartigkeit flüsterte und dessen Brust und Schoß ganz durchdrungen von vollkommener Schwermut schienen.

Doch in jenem Schatten, der über ihr lag, gewahrte der Dichter noch etwas anderes. Da war etwas an ihr, das sonderbar anmutete, etwas, dass sie von allen anderen hier selbst noch unterschieden hätte, wenn sie jene Tristesse hätte abstreifen können: eine eiserne Halsschelle, an den Seiten verschweißt und in der Mitte mit einem Ring versehen, ein Sklavenhalsband, wie es die Frau eines Sultans gewöhnlich kaum getragen hätte. Sie musste es freiwillig tragen, aus irgendeinem Grund, einem Grund, der in ihrer Geschichte verborgen liegen musste. Und so begann er sie niederzuschreiben ...

Vor Jahren hatte sie in den Diensten des Paschas Machmud bin Nhur gestanden. Im ganzen Orient hatte man von ihr gehört und sie galt als eine der schönsten Frauen des Landes. Um sie heimzuführen, hatten Paschas und Sultane einander überboten, und mit Freuden hätten die meisten von ihnen sich ruiniert, um ein einziges Mal nur eine Hand auf ihren Leib legen zu dürfen.

Sie war der vollkommene Schmuck für das Leben eines Mannes, und gut die Hälfte seines Besitzes hatte Machmud bin Nhur für sie gegeben.

Wie eine Königin behandelte er sie, so dass sie über ihre eigenen Gemächer und ihre eigene Dienerschaft verfügte.

Obgleich sie dieses Leben voll Pracht und Luxus und auch das Begehren ihres Herrn genoss, war sie doch eine Frau, die so voll Neugier war, dass kein Besitz diese je zu stillen vermocht hätte. In ihren Gemächern und inmitten ihrer Dienerschaft hatte sie von etwas geträumt, das sie nicht hätte benennen, aber das ihre Neugier hätte stillen können. Und sie träumte selbst dann noch davon, wenn Machmud bin Nhur bei ihr ruhte.

Es kam schließlich eine Nacht, da ihr Herr nicht bei ihr weilte. Er hatte sich den Magen verstimmt und wälzte sich gefangen in unruhigem Schlaf zwischen seinen Kissen.

Längst hatten ihre Diener sich auf ihr Geheiß zurückgezogen und sie lag wach und träumte auf ihrem Diwan offenen Auges von den Dingen jenseits der Dinge.

Da wurde mit einem Mal die Tür ihres Zimmers aufgerissen. Von draußen hörte sie lautes Rufen und aufgeregtes Durcheinander und dann wurde ihre Tür wieder ins Schloss geworfen.

Im Dunkel des Raumes lag sie still und rührte sich nicht. In ihrer Brust mischten sich köstlich Neugier und Furcht. Niemand im Inneren des Palastes hätte es gewagt, ihre Gemächer ungefragt zu betreten. Und doch war da ein irgend jemand, dessen unruhiger Atem durch das Dunkel bis an ihr Lager flüsterte. Sie dachte daran, um Hilfe zu rufen, als plötzlich die Stimme eines Fremden an ihr Ohr drang.

„Ich bitte Euch, verratet mich nicht. Während ich bloß ein armseliger Dieb bin, seid Ihr die Herrin eines hohen Herrn. Was immer ich ihm stehle, seinen größten Schatz wird er behalten und wenig nehme ich, verglichen mit dem, was vorhanden ist."

Sie hörte einige leise Geräusche, die von gestohlenen Dingen herrühren mochten, die der Unbekannte in einen Sack gestopft hatte. Und plötzlich wurde sie von Tollkühnheit überkommen:

„Aber sagt mir, was hätte ich davon, verriete ich Euch nicht?"

Zwei Augenblicke schwieg das Dunkel und die Verwunderung des Diebes war geradezu spürbar.

Dann aber hob er leise an: „Ich werde Euch, wenn Ihr schweigt, eine Erfahrung zuteilwerden lassen, wie sie wenige nur gemacht haben. Ich werde Euch die Freiheit durch die Knechtschaft lehren, und Ihr werdet nicht wissen, was wundervoller ist. Dies ist mein Versprechen an Euch, so Ihr mich nicht verratet."

In diesem Augenblick wurde es laut vor ihrer Tür und eine kräftige Hand schlug an das Holz. Sie spürte einen Luftzug, als der Fremde zwischen ihre Kissen flüchtete, atmete für einen kurzen Moment seinen Duft und fragte dann vermeintlich verschlafen:

„Wer wagt weshalb mich inmitten der Nacht zu wecken?"

Von draußen klang eine barsche Stimme.

„Der Hauptmann der Wache Eures Herren. Ein Dieb hat die Schatzkammer geplündert und befindet sich auf der Flucht. Womöglich weilt er noch hier. Verbergt Euch, und ich will schauen, ob er sich in Eure Kammer schlich."

Rasch bedeckte sie Gesicht und Körper und bat den Hauptmann hinein. Die Tür schwang auf und das Licht einer Lampe vertrieb die Schatten.

Der Hauptmann sah nichts, und als sie ihm versicherte, dass sie einen leichten Schlaf hatte und ein solches Eindringen ganz ohne Frage nicht unbemerkt hätte vonstatten gehen können, da glaubte er ihr und zog sich zurück, anderenorts den Dieb aufzuspüren.

Kaum, dass der Hauptmann fort war, forderte sie vom Dieb ihren Lohn. Und dieser sprach, sich aus ihren Kissen schälend:

„Ich will Euch geben, was ich Euch versprach. Doch regt Euch nicht und schweigt. Wagt es nicht, ein Licht zu entzünden, denn seht Ihr mein Gesicht, muss ich Euch töten."

Dies freilich wollte sie so nicht hinnehmen.

„Vor wenigen Augenblicken noch hätte ich Euch töten lassen können! Und nun wagt Ihr es, derartige Bedingungen zu stellen?"

„Ich bin ein Dieb. Mein Gesicht ist mein Geheimnis wie Eure Träume das Eure sind. Kein Licht. So sind die Regeln. Ruft Eure Wachen, wenn Ihr den Handel nicht wollt."

Da seufzte sie, lehnte sich zurück auf ihrem Lager und streckte sich aus.

Wenig später vernahm sie ein leises Rasseln wie von Ketten. Solche verliefen an der Decke ihrer Kammer, woran runde Käfige mit kleinen Öllampen darin hingen.

Und im nächsten Augenblick war da die Wärme einer fremden Hand an ihrem Fuß, gefolgt von der Kälte einer Kette, die jene Hand wie eine eherne Schlange um sie herumwand. Der Fremde band ihre Beine und ihre Arme, er bog ihren Leib und zwang ihn unter die Fessel, so dass das Atmen ihr bald schwerfiel. Einige Male kam er ihr so nahe, dass sie das Haar auf seiner Brust spüren und den Duft seiner Haut atmen konnte. Und dann war sie seine Gefangene.

Sein Berühren hatte ihren Körper nur gestreift, stattdessen war sie ganz jenen Ketten ausgeliefert, deren ganzes Wesen er mit einer einzigen Bewegung zu verändern vermochte. Eine Regung seiner Hand machte die Enge jener Fesseln unerträglich, eine andere schuf Schmerzen, eine nächste Lust. Ihr Leib war in Knechtschaft gefallen, Brust und Schoß schwollen unter der Fessel, und unter seiner Hand schauderte es sie sklavisch wohl.

Eine Stunde darauf löste er ihre Fesseln, dass niemand sie geschändet wähnen könnte, verschwand, ohne ein weiteres Wort zu verlieren aus ihrem Gemach und hatte sie entlohnt, wie er es versprochen hatte ...

So wie Machmud bin Nhur in dieser Nacht beraubt wurde, konnte er sich bald weder Palast noch Frau mehr leisten. Schließlich bot er sie zum Verkauf, um von dem Geld, das sie ihm brachte, fortan zumindest gut leben zu können.

So erwarb sie der ehrwürdige Pascha Selim ibn al Mazrad, der einer der reichsten war in jenen Tagen. Und eigene Gemächer bekam sie und eine eigene Dienerschaft und wie eine Königin behandelte man sie.

In ihr aber hatte eine Sehnsucht zu wachsen begonnen, die keines Mannes bloße Hände mehr zu stillen vermochten.

Und wenn ihr Herr bei ihr ruhte, dann träumte sie von der Freiheit in Knechtschaft. Bis zu jener Nacht, als es unruhig wurde im Inneren des Palastes und die Wache einen Dieb verfolgte, der in die Schatzkammer ihres Herrn eingedrungen war.

Und wieder floh er in ihre Kammer und wieder versprach er ihr jenen Lohn. Und wieder verriet sie ihn nicht. Und er blieb im Dunkel und band sie an die Wand, streckte Haut und Muskeln und schnürte die Fessel enger noch als zuvor, bis er sie am Morgen befreite und mit den Schätzen Selim ibn al Mazrads entfloh.

Auch dieser verkaufte sie wenig später und auch dem nächsten reichen Herrn blieb dieses Schicksal nicht erspart.

Ohne je sein Gesicht gesehen zu haben, glühte sie für den Dieb und seine verwunschenen Künste. Und zum geheimen Zeichen, dass sie sein war, wem immer sie gehören mochte, ließ sie sich ein

Halsband in der Art der Sklaven schmieden und trug es fortan mit Stolz.

Drei weitere Schatzkammern und drei weitere Nächte in Ketten schenkte er ihr. Dann verschwand er.

Ob man ihn gefangen und hingerichtet hatte oder aber ob er ein ehrbares Leben begonnen hatte, sie wusste es nicht. Ihn zu locken jedoch gab es nur einen Weg. Schätze und Ketten waren das einzige, wovon er etwas verstand.

Den Reichtum vieler Herren hatte er geraubt. So galt es ihr, dem reichsten aller Herren untertan zu werden, auf dass seine Schätze den Dieb anlockten, und sie ihn ein weiteres Mal nicht verraten würde, um die Kühle der Ketten zu schmecken.

Und so floh sie aus den Diensten ihres letzten Herrn und bot sich, einzig um den heimlichen Herrn ihres Herzens anzulocken, jenem einen Sultan dar, von dessen Schatzkammern man sagt, dass sie die prächtigsten des ganzen Orients sind ...

Dies war einer der wenigen Momente im Leben des Dichters, da er sich gewünscht hätte, etwas anderes, nämlich ein Dieb geworden zu sein. Mit Freuden wäre er jener Dieb gewesen, der ihren Körper mit jenem seltsamen Zauber der Ketten beseelt hatte, mit Freuden wäre er es gewesen, der in ihren Augen den Samen jenes Zaubers ausgebracht hatte, mit Freuden wäre er Jahr um Jahr wiedergekehrt, um die Schätze ihrer Herren und ein Stück ihres Herzens zu stehlen ...

Das aber waren Wunschträume.

In Wahrheit blieb ihm nichts anderes als ihre geradezu schmerzhafte Sehnsucht zu spüren. Und wenn er in ihre Augen sah, dann ahnte er, dass es nicht ihre Sehnsucht war, die den größten Teil ihrer Kraft forderte. Diesen nahm vielmehr der Versuch in Anspruch, das Schicksal ihres geheimnisvollen Geliebten zu leugnen, der sein Leben ohne Zweifel längst unter dem Beil eines Henkers oder der

Lanze einer Palastwache ausgehaucht hatte. Wie sonst hätte dieser Mann es vermocht, ihr zu widerstehen? Keine Mauer, kein Gitter und keine Wache der Welt, so viel war dem Dichter klar, würden es vermögen, einen in Leidenschaft zu dieser Frau entbrannten Dieb aufzuhalten.

Allein, ihm war nicht die Verwegenheit der Diebe, ihm war allein die Redsamkeit des Dichters gegeben. Statt falscher Schlüssel besaß er eine Feder und die einzige Annäherung ihrer Berufe bestand in der Tatsache, dass in diesem Land ebenso viele Dichter wie Diebe vor den Scharfrichter geführt wurden.

Es waren Schatzkammern voll Gold und Haut, von denen der Dichter träumte in dieser Nacht, und Augen, in denen das eine wie das andere sich spiegelte, und nach unstillbarer Sehnsucht schmeckte ein jedes ...

VIII.
Knecht und Herrin

Dieses Mal erwachte der Dichter nicht erst am folgenden Morgen. Mitten in der Nacht fuhr er empor, da er im Halbschlaf ein Geräusch vernommen zu haben glaubte.

Hierzu sollte man wissen, dass sein Schlaf allein schon deswegen ein leichter war, da er sich hier am wohl verbotensten Ort der Stadt befand und eine Flucht zu jeder Stunde notwendig werden konnte. Darum vernahm er also nun dieses Geräusch, das ihm wie das Rasseln von Säbeln klang und vom anderen Ende, vom Eingang seines Tunnels, herzurühren schien.

Die Palastwache!

Sie mussten den Gang entdeckt haben und drangen nun ein. Kaum mehr Augenblicke und sie würden ihn hier kauern sehen, im Habdunkel des Ganges, die Beweise seines Frevels offenkundig vor ihm ausgebreitet.

Stimmen! Er hörte Stimmen, sie sprachen laut, und er hielt den Atem an, überlegte einen Moment sogar, ob er die ersten Kapitel seiner Geschichte nicht einfach aufessen und das Ausmaß seiner Untat damit schmälern sollte. Als Dichter jedenfalls, der des Harems verbotenerweise ansichtig geworden war und auch noch über ihn schrieb, hätte man ihn ohne Zweifel geblendet, dass er nicht länger Verbotenes schaute und ihm die Hände abgehackt, dass er davon nicht länger schrieb. Um das Blenden schien ihm kein Weg mehr herumzuführen. Seine Hände aber würde er – wenn er die Seiten schnell genug zu schlucken verstand – womöglich noch bewahren können ...

Dann aber meinte er draußen im Gang Flüche und Verwünschungen zu vernehmen und mit einem Mal wurden Stimmen und Säbelrasseln wieder leiser und verstummten plötzlich ganz.

Ungefähr eine Minute später wagte der Dichter vorsichtig einen Atemzug, um gleich darauf einen weiteren zu nehmen, um schließlich, ohne überhaupt zu ahnen, weshalb das Schicksal ihn verschont hatte, ruhig weiter zu atmen.

Er fragte sich, ob sie wohl draußen in der Gasse auf ihn warten mochten, ob sie sich um jenes Loch geschart hatten und mit vorgehaltenen Lanzen auf sein Herauskommen harrten.

Wenn dem so war, gab es keine Flucht. Weder zurück noch vor. Denn durch den Harem hätte er so wenig wie durch den Gang fliehen können. Wenn sie ihn also erwarteten, konnte er nichts daran ändern. Das Einzige, was er tun konnte, war die Aufgabe, die Allah selbst ihn zu erfüllen geheißen hatte, nach bestem Vermögen zu vollenden.

Und so griff er ein weiteres Mal nach seiner Feder, stieß seine Angst tief hinab ins Tintenfass und legte sein Auge an die offene Stelle in der Wand.

Bis zum Sonnenaufgang waren es noch einige Stunden und dabei war es kaum wahrscheinlich, dass sich ihm auf der anderen Seite der Wand irgend etwas bieten würde.

Um diese Zeit pflegten die Frauen des Harems zu schlafen. Die meisten jedenfalls. Denn im kargen Licht der Sterne und der ausglühenden Kohlen bewegte sich anmutig eine Gestalt durch das Halbdunkel des Raumes. Sie ging ganz in Schatten gehüllt, die sie umflossen und umschlichen. Ihr Körper war beseelt von filigranen Tätowierungen aus Schatten, allerlei Abbildern von Pflanzen, Schnitzereien und Seltsamkeiten, die sich auf ihrer nackten Haut regten und dabei doch all das vor seinem Augen verbargen, das anzuschauen er ohnehin nicht gewagt hätte. Sie blieb im Dunkel, ihr Gesicht in einem Schrein aus Schatten verborgen, ihr Körper im Zwielicht ein nur zu erahnendes Rätsel. Und wie er sie sah, wie sie dort in sinnlichem Zweikampf stumm mit dem Monde rang, da ahnte er ihren Stolz. Von diesem Stolz ganz durchdrungen war ihr Körper, darin er sich gleichsam mit Sinnlichkeit mischte und diese Frau im Halbdunkel zur vergessenen Königin einer längst versunkenen Kultur machte.

Ihn schauderte und in ihm wuchs der Wunsch niederzuknien und ihr seine Feder darzureichen, sich, seine Kunst, seine Worte zu opfern dafür, dass sie für einen Augenblick nur aus dem Schatten in die Wirklichkeit hinaustrat.

Doch wieder war er mehr Dichter als Diener. Die ihm angestammte Aufgabe war nicht ihr zu dienen, sondern über sie zu schreiben.

Und er schrieb. Schrieb ihre Geschichte nieder und tat es in ihren eigenen Worten, die zwischen Stolz und Sinnlichkeit hervorwisperten und ihm wenige Stunden vor Sonnenaufgang ihre Geschichte formten:

Knecht und Herrin war ich im Lauf meines Lebens. Ich diente und befahl, tat es mittels meines Körpers, und tat es in solchem Maße, dass in der Welt man meinen Körper bald schon für mich hielt. Und dabei war dieser Körper zu abervielen Türen mir der Schlüssel. Tempel und Schatzkammern vermochte er mir zu öffnen, und nur wenige davon durchschritt ich mehr als einmal.

Die Häuser, in denen man mich wollte, waren ebenso vielgestalt wie ihre Herren, und in welchem Land ich auch immer mich befand, war doch stets die Währung, mit der man mich bezahlen ließ, meine Lust.

Nicht Frauen noch Männer verwehrten ihre Gunst mir, und kaum mehr als Knechte meiner lasterlichen Wünsche waren sie, die in der Welt doch mehr meist zählten als ich selbst. An meinem lüsternen Schweiß berauschten die höchsten Herrschaften sich. Alchimisten, die mich schmeckten, verwarfen den Gedanken an Gold, und ich war das Feuer, an dem die Frierenden der Welt ihre Herzen und Leiber erwärmten.

Dies war mein Wesen und mein Ruf, da der Sultan mich in seinen Harem holte, auf dass mein Leib an der Seite seiner Frauen das Innere seiner Mauern ziere.

Meine Ankunft an diesem Ort liegt Jahre schon zurück. Hier jedoch, inmitten der Schönsten der Schönen ward ich bald schon eines Umstandes gewahr: Was immer ich dort draußen auch erhalten hatte, für das, was zu geben ich im Stande war – nämlich mich –, hatte nur selten wahren Wert gehabt. Ob man mit Schätzen mich überhäufte, mich an den Wahrheiten der großen Universitäten oder

der vollendetsten Liebeskunst teilhaben ließ, ob man mir Weisheit gab oder Liebe, nichts von all dem ward mir gerecht.

Und es war nicht bloß dies, was ich begriff. Da war etwas anderes noch, die Gewissheit, dass ich eines nie gelernt hatte: nämlich in der Liebe mich zu verschließen. Ich vermochte mich ganz nur hinzugeben. Nur ganz, nicht bloß im Ansatz oder bis an irgendeine Grenze, und im Gegenzug erhielt ich doch nicht einen Bruchteil davon wieder. Stets weniger war es, was ich bekam.

Sicher waren da solche, die ganz sich mir gaben, doch liebten mich diese nicht selten mit dem Gift der Selbstsucht und der Eitelkeit in sich, so dass ich, der vermeintliche Gegenstand ihrer Liebe, stets gänzlich austauschbar gewesen wäre.

Ich hingegen liebte ehrlich, stets wahrhaft, immer als wenn es das erste Mal war und es kein Morgen geben würde. Und wenn ich auch nicht viel von mir behaupten kann, dieses eine doch!

Diese reine, hehre Form der Liebe vermochte ich lediglich zu geben.

Erfahren tat ich sie nie.

Suchen tat ich sie dennoch.

Bis ich letztendlich eines begriff: Das Wesen meines Hungers war Vollkommenheit.

Den Hunger meines Fleisches vermochte für den Moment man zu stillen, vielleicht auch den meines Geistes. Am Ende aber blieb doch der meines Herzens. Und wenn einer diesen stillte, so hungerte der Rest meiner Selbst. Zugleich und über längere Zeit schien mein Hunger unstillbar und seine Vollkommenheit mein Fluch.

So versuchte ich, mich bescheiden zu lernen mit dem bisschen, dass sich mir bot.

Aber mein mich bescheiden verdarb mich, denn ich vergaß meines Hungers Vollkommenheit.

Vor zwei Monaten aber geschah es.

Ich erinnere mich genau, und werde mich erinnern, bis meines Herzens letzter Schlag das Ende meines Hungers verheißt, wie vor dem Thron des Sultans die Dichter um seine Gunst stritten. Und die Worte, Werke dieser Männer, gemahnten mich an meine Wahrhaftigkeit.

Verschleiert harrten wir Frauen auf dem vergitterten Balkon, wo wir, verborgen vor den Augen der Dichter, ihren Versen lauschten. Einige davon waren von der gleichen Vollkommenheit durchdrungen, die auch meinem Hunger zu eigen war. Sicher, andere Verse waren schlecht, und manch einer, der die Vollkommenheit nicht kannte, hätte sie selbst in einigen der besseren überhört. Ich aber, die ich in mir doch einen unvollständigen Teil jener Vollkommenheit trug, vernahm sie. Spürte sie. Erkannte sie. Und nichts hatte mich jemals satter gemacht als die wenigen vollkommenen Worte, die ich dort aus dem Verborgenen erlauschte ...

Und wie ich jene Dichter vor dem Thron betrachtete, war da noch ein Letztes, das mir zu verstehen blieb:

So wie der Dichter nicht mehr als ein Gefäß der Vollkommenheit des Wortes ist, so war ich doch nicht mehr als ein Behältnis der vollkommenen Sehnsucht. Und wie den besseren Dichter das Wort zu adeln vermag, so hatte mich die Liebe geadelt. Und so wie niemand dem Dichter antwortet, der den vollendetsten Vers in die Welt hinein wispert, so wird niemand jemals meiner Liebe eine ähnliche entgegensetzen können. So aber wie das vollkommene Wort den, der zu lauschen vermag, entflammen wird, so wird die Vollkommenheit meines Begehrens den erfüllen, der bereit ist, sich wahrhaft lieben zu lassen.

Was ich in mir trage, ist ein Geschenk. Und die wenigsten wissen um seinen Wert.

Der Stolz dieser Frau machte ihn schaudern. Und da er nicht schlafen konnte, beobachtete er sie.

Langsam flutete das Licht der aufgehenden Sonne den Raum, floss über ihre Beine, ihren Rücken.

Einzig die Sonne schien ihr in ihrem Begehren ebenbürtig. Und der Dichter begann zu begreifen, dass es tatsächlich nicht ihr

Körper, sondern wahrhaft ihr Begehren war, dem jene Vollkommenheit innewohnte.

Ihr Körper war von der gleichen unvergleichlichen Pracht wie der aller anderen Frauen an diesem Ort. Ihr Begehren aber, und das wollte er sehr wohl glauben, war größer als das der anderen.

Aus ihren Augen strahlten Wünschen und Sehnen und ganz Hingabe war ihr Blick. Und es war die Tragik der Vollkommenheit, die der Dichter da schmeckte.

Im Wissen, dass er selbst von ihr noch manches Wort entfernt war, schlief der Dichter, kaum dass die Sonne ihren Körper ganz erobert hatte, ein.

IX.
Weiße Wölfe

Kaum dass der Dichter erwacht war, wuchs nach zwei Schlucken Wasser und einer Hand voll Feigen die Erkenntnis, dass seine Vorräte sich dem Ende entgegenneigten. Lampenöl war das Einzige, wovon er noch ausreichend besaß ...

Überdies nagte an ihm die Ungewissheit, was wohl jene säbelrasselnden Unholde trieben, und ob sie wohl noch immer dort draußen auf ihn warteten.

Er war entdeckt worden. Und obwohl es doch gewiss kein Traum gewesen war, hockte er noch immer hier in dem verborgenen Gang und ließ seine Augen verbotenerweise sich sattfressen an den Wundern des Harems.

Längst hatte der Takt seiner Augen die Grenze zwischen Tag und Nacht verwischt. Sein Schlafen und Wachen unterlag neuen, ungeschriebenen Gesetzen, und Nacht war es an diesem Tag, da er erwachte. Die Ursache waren die Schritte nackter Füße, die sich bemühten, so leise als eben möglich direkt an seinem Versteck vorüberzuschleichen.

Kurz nachdem er sein Auge an das Loch gebracht hatte, gewahrte er eine der Frauen, die mit einen Dolch in Händen, hinter einem Vorhang verschwand, hinter dem eine andere der Frauen schlief. Und die Ahnung, Zeuge einer Untat und der Grausamkeit der Schönheit zu werden, ohne etwas tun zu können, zerstörte seine Träume von der Friedfertigkeit des Harems.

Es kam vor, dass die Eifersucht im Serail das Szepter an sich riss, Frauen vermeintliche Konkurrentinnen aus dem Weg räumten, oder Eunuchen bestachen, dass sie es übernahmen. Freilich wäre dies nicht das gewesen, worüber er hätte schreiben wollen, doch er sah, was er sah und dass er eben das niederschrieb, war der Grund, weshalb das Schicksal ihn an diesen Ort geführt hatte.

So griff er schweren Herzens nach der Feder und wartete, während sein Herz ihm schmerzhaft bis zum Halse schlug, was geschah.

Es brauchte keine Minute, und die Meuchlerin hatte ihr blutiges Geschäft beendet.

Nicht einmal einen Aufschrei vernahm er, da floh die Täterin bereits die Stätte ihrer Untat und verschwand wieder hinter ihrem Vorhang. Doch er hatte sie gesehen, hatte ihre Augen, ihren Mund betrachtet, wie sie im Licht der Sterne vor Wut und Anspannung gezittert hatten, und er hatte gewusst: Dies war keine, über die er schreiben würde. Wie die meisten seiner Art verstand der Dichter in den Menschen zu lesen. In dieser aber war nicht mehr als Eifersucht und Missgunst zu erkennen und eine Ahnung von Hochmut vielleicht. Da war nichts, dem Zauber, Poesie oder Persönlichkeit innegewohnt hätte. Sie war nicht mehr als diese Tat, nicht mehr als das Bedürfnis, einem Menschen Böses zuzufügen, um selbst einen Vorteil davon zu haben.

Eine solche Geschichte bedurfte der Niederschrift nicht ...

Und dann sah er plötzlich das Opfer.

Unter Schmerzen kroch sie, das makellose Weiß ihrer Brust von einer dunkel klaffenden Wunde zerrissen, hinter ihrem Vorhang hervor und zog dabei eine dünne Spur von Blut hinter sich her, die im Mondlicht auf den dunklen Fliesen glänzte.

Ihr Gesicht war eine Maske aus Schmerz, und ob sich in des Dichters Brust auch etwas zusammenkrampfte, sah er in ihren Augen doch nichts, das hätte besungen werden müssen. In ihrem Wesen schien diese beinahe der anderen zu gleichen. Es war nicht nur, dass sie ähnlich anzusehen waren, da war noch etwas anderes, ein ähnlicher Hochmut, eine ähnliche Wut und die Vermutung, dass diese - wäre die andere ihr nicht zuvorkommen - jene spätestens in der kommenden Nacht selbst erdolcht hätte.

Dies freilich war nur ein Gefühl und einmal mehr nichts, das wert gewesen wäre eine Geschichte daraus zu formen.

Weiter aber vermochte er nicht zu denken, denn, wie jene Frau sich dort am Boden wand und alle Schönheit ganz dem Schmerz gewichen schien, da wollte er etwas tun! Er wollte helfen, ihr Leben retten, um nicht zuletzt jenen wundersamen Ort und seine eigene Geschichte vor dem Stigma des Todes zu bewahren.

Töricht wäre es gewesen, sein Versteck zu verlassen, mehr aber als aus dem Verborgenen heraus das Leben zu beobachten, vermag seinereiner selten. Er beschloss die Aufmerksamkeit der Frauen zu erregen und sie aus ihrem Schlaf zu reißen.

Und so stimmte er aus seinem Versteck heraus den Ruf eines Wüstenschakals an.

Keine Minute darauf eilten die meisten der Frauen aufgeregt durcheinander, bewaffnete Eunuchen stürmten in den Raum und dann entdeckten sie die Sterbende.

Einer der Eunuchen rief nach dem Arzt. Ein anderer erkannte, dass dieser ihr nicht mehr würde helfen können, und der letzte eilte dennoch los, ihn zu holen.

Die Frauen aber begannen sich zu beruhigen, beruhigten sich sogar erschreckend schnell, als ob eine Tat wie diese keiner hier fremd war. Ein Schakal im Inneren dieser Räume hätte, so schien es, diese Frauen mehr als ein Mord beunruhigt.

Nach und nach verschwanden sie wieder und zurück blieben einzig die beiden Eunuchen, deren Blicke die blutende Frau zu ihren Füßen mieden.

Beseelt von der frevelhaften Untat und mit dem Blut der Frau benetzt, mutete dieser Ort in diesen Augenblicken seltsam an. Das karge Licht der Sterne, die spärliche Glut der Kohlebecken und jene hölzernen Wände, dahinter solche sich zur Ruhe betteten, die um das nahe Ende jenes Opfers wussten. In keiner seiner Geschichten hätte er ein solches Bild zu ersinnen vermocht, in keiner seiner Geschichte hätte er die Schönheit mit solch grausamer Gleichgültigkeit zu erfüllen verstanden.

Den Dichter schauderte.

Und dann sah er in des dritten Eunuchen Begleitung bereits den Heilkundigen nahen. Diesem aber blieb, kaum bei der Niedergemeuchelten angelangt, nicht mehr zu tun als festzustellen, dass jede Kunst vergebens und sie nunmehr verstorben war.

Schon wollten die zwei Wachen den reglosen Körper an den Füßen ergreifen, da fuhr mit einem Mal ein eiseskalter Wind zwischen sie, und aus dem Schatten in ihrem Rücken trat jemand hervor.

Eine Frau. Zunächst war es kaum mehr als ein helles Funkeln, das er nach wenigen Schritten als einen Pelz von weißen Wölfen erkannte, der über Schultern und die blanke Brust gelegt bis kurz über den Boden reichte. Die Züge ihres Gesichtes waren exotisch, die hohen Wangenknochen spitz, die schwarz schimmernden Augen mandelförmig und das lange Haar von einem Schwarz, dass es der dunkelsten aller Nächte zur Ehre gereicht hätte. Sie war groß, schien größer beinahe noch als jene bewaffneten Eunuchen, und ihre Haut war schimmernde Bronze, die fremd im Widerschein von Glut und Sternen glänzte.

In der Linken hielt sie, wie sie langsam auf Arzt und Weib und Wachen zuschritt, eine aus Walbein geschnitzte Pfeife, die dünne Muster in die Nachtluft schrieb. Zauberzeichen, die mit Wunderduft beseelt, ihre Spur von hier nach dort markierten.

Eine solche Frau hatte der Dichter zuvor noch nie gesehen. Womöglich verließ sie ihre Kammer nur selten, verbarg sich vor dem eitlen Treiben der Geschlechtsgenossinnen, formte stattdessen magische Silben in ihrem Kopf oder rang mit den Visionen, die der Rauch ihrer Pfeife gebar.

Wie eine Zauberin schien sie ihm, eine Schamanin, eine Fremde an diesem Ort. Bei ihrem Anblick erstarrten Eunuchen und Arzt, und je näher sie kam, desto weiter wichen sie zurück von dem vermeintlichen Leichnam.

Sie musste eine sein, von deren Macht die Menschen hier wussten, die man fürchtete und respektierte, weniger Frau als vielmehr Zauberin, deren Brust nicht von Begehren, noch von Liebe, denn ganz durchdrungen war von fremdem Wissen.

Sie beugte sich zu dem leblosen Leib herab, der Pelz trennte sich über dem nacktbronzenen Leib und bedächtig tauchte sie ihre Hand in die blutige Lache. Aus dem Blut formte sie Zeichen auf den kalten Leib, führte dann die Pfeife zum Mund und hauchte einen Kuss in die Luft, aus dem sich dünne graue Schwaden hinab zu den kalten Lippen wanden.

Der gehauchte Zauber kroch über Lippen und Nase der Totgeglaubten und tot war plötzlich tot nicht länger.

Jene, die sich da zwischen Arzt und Totengräber drängte und dem Ende Einhalt zu gebieten verstand, sie war die, in der sein nächstes

Kapitel ruhte. Und noch während langsam das Leben zurück in den zerbrochenen Leib fuhr, begann der Dichter zu schreiben:

Sie wurde weit im Norden, im ewigen Eis und in einer Nacht geboren, die, wie ihre Mutter später sagte, kälter war als alle Nächte zuvor oder danach.

Sie wurde geboren in einer Stunde, da der Schnee die Welt zum Schweigen und die Wolken den Mond erstickt hatten. Sie wurde geboren in eine Welt, die allein aus Weiß und nicht mehr als zwei Dutzend Menschen bestand. Vier Familien, die der Kälte trotzten und Robben jagten und Bären im ewigen Eis.

Von Kindesbeinen an lernte sie das Messer und die Harpune gebrauchen. Mit fünf Jahren nahm ihr Vater sie mit auf die Jagd, und sie sah ihn sterben unter der Pranke eines Bären. Als der Bär floh, schälte sich aus dem wirren weißen Treiben auf einem Knochenschlitten, von sechs blinden weißen Wölfen gezogen, der Tod. Er trug ein weißes Gewand, das wehte im Wind und war eins mit dem fallenden Schnee. Er lud den Leib ihres Vaters auf seinen Schlitten aus Knochen und nickte ihr zu. Er schwang seine Peitsche, die klang wie die Angst vor dem Tode selbst, und die blinden Wölfe bäumten sich auf und verschwanden im ewigen Weiß.

Sie kehrte heim und schwieg, und wuchs stumm an der Seite der Mutter heran. Und stumm wurde sie besser im Umgang mit Messer und Harpune.

Als sie acht war, wurde die Mutter von einer fremden Krankheit befallen. Drei Nächte lang litt sie, drei Nächte betete die Tochter und dann erschien vor dem Schneehaus der Tod.

Er klopfte nicht an, trat einfach hinein und nahm ihre Mutter mit sich.

Sie blieb stumm, zog allein ihren kleinen Bruder groß, und Messer und Speer waren mehr denn Menschen ihre Gefährten. Sie wurde eine Jägerin, wie es sie zuvor nicht gegeben hatte in ihrem Dorf, und zahllose Bären fällte sie. Doch nicht für Fell und Fleisch, sondern sich vorzubereiten auf einen größeren Gegner …

Als sie fünfzehn war geschah es, dass ihr Bruder verloren ging im Eis. Und da sie ihn suchte, wusste sie eines; dass es ein Wettlauf mit dem Todesschlitten war.

Sie irrte durch Schnee und Eis, den Speer geschultert, das Messer im Gurt, bereit, hinter jeder Verwehung den Tod anzutreffen. Und sie fand ihn schließlich, da er sich über ihren Bruder beugte, um ihn zu seinem Schlitten zu tragen. Und da sie dies erblickte, schrie sie nach Jahren des Schweigens ein „Nein", das den Tod stutzen ließ für einen Moment.

Der Tod blickte sie an, und Schnee und Sturm war das Weiß seines Mantels. Dann wendete er sich wieder um und nahm den Knaben auf seinen Arm.

Da stürmte sie voran, die Wut im Herzen und den Speer in der Faust, den Tod zum Ziel.

Doch da sie ihn traf, war dort nichts! Des Speeres Spitze und Schaft drangen wie durch Schneegestöber, als sie durch die Gestalt des Todes stolperte und in seinem Rücken zu Boden stürzte.

Langsam schritt er, das Kind im Arm, zu seinem Schlitten und hob seine Stimme, die wie aus einem zugeschneiten Grabe klang.

„Törichtes Weib. Nichts anhaben kannst du dem Tod. Geh, stell dich Menschen in den Weg. Hier ist dein Zorn nichts nutze."

Und sie wusste, der weiße Sturm hatte Recht. Denn längst hätte, wäre ihm Einhalt zu gebieten möglich gewesen, ein zorniges Gemüt ihn besiegt und seinen Schlitten von Knochen zerschmettert.

Der Tod schritt weiter, ihren Bruder im Arm, und beinahe hatte er den Schlitten erreicht, da brach ihre Wut sich neue Bahn. Ein einziger Speerwurf war es, kraftvoll, präzise. Und der erste der Wölfe brach in die Knie.

Der Tod aber schritt weiter, und mit gezücktem Messer stürzte sie sich auf den zweiten der Wölfe.

Ohne Regung schaute der Tod diesen Kampf, der im Schnee ihr Blut mit dem des Wolfes mischte. Ein heftiger Streit war es, und tiefe

Wunden riss ihr das blinde Tier. Am Ende aber lag es tot danieder, und sie stemmte sich aus dem Schnee empor, flackerndes Leben, lohende Wut in den Augen.

Und der Tod sprach: „Weshalb tust du das? Du kannst mich nicht besiegen."

Und mit kraftloser Stimme entgegnete sie:

„Aber langsamer kann ich dich machen! Zu niemandem wirst du je wieder im Sturme kommen, niemanden zu überraschen vermögen, wenn am Ende nur zwei deiner Wölfe dir bleiben. Dieser hier wird mich mein Leben kosten. Doch von heute an werden die Menschen vor dir zu fliehen vermögen!"

Zitternd hob sie das Messer und tat einen Schritt in Richtung des nächsten Wolfes und bang fragte der Tod: „Soll ich dir deinen Bruder lassen?"

Und zur Antwort gab sie ihm, dass dies zu wenig wäre. Darauf bot er ihr ewiges Leben, doch sie lehnte es ab.

Eine ganze Nacht verhandelten sie und der Tod im ewigen Eis, und am Ende gewährte er ihr, dass keiner ihres Stammes jemals mehr sterben würde.

Dann brachte er sie auf seinem Knochenschlitten mit ihrem Bruder zurück in ihr Dorf, und verließ es, um niemals mehr dorthin zurückzukehren ...

Schaudernd beendete der Dichter den letzten Satz. Denn längst hatte er erfasst, was für eine Geschichte noch abseits dieser Geschichte lag.

Er ahnte, wie ihr Dorf ihr zu klein geworden war, wie sie hinausgezogen war in die Welt, und wie der Tod sie verfolgt hatte, um seine Schmach zu tilgen.

Wie sie versucht hatte zu lieben, und wie der Tod lachend einen um den anderen geholt hatte, der nicht Teil ihrer Gemeinschaft war. Wie sie gelernt hatte sich mit dem Tode zu messen, mit Kräutern,

Zaubern und Tinkturen, und wie sie einander immer wieder gegenübertraten.

Zuletzt war sie dann hierher geflohen, an einen Ort, wo gewöhnlich selbst der Tod nicht Einlass fand ...

Und das Schauern war noch nicht von ihm gewichen, als der Dichter bald die Feder beiseite und sich zum Schlafen niederlegte.

X.
Falke im Käfig

Dieser Tag nun sollte der letzte sein, den der Dichter hinter den Mauern jenes Harems verbringen würde. Am Ende dieses Tages und der folgenden Nacht würde er am kommenden Morgen schon jenen Mann treffen, der ihn beauftragt hatte, diese seltsame Geschichte zu schreiben.

Diesen letzten Tag durchlitt der Dichter in der schmerzlichen Gewissheit, längst nicht alle hier verborgenen Geschichten erschlossen zu haben. Sicher, er hatte die Geschichten jener Frauen auf das Papier gerettet, deren Anblick, deren Gebaren ihn ergriffen hatten. Aber wie sicher war es dabei doch, dass die ein oder andere Geschichte sich besser verbarg. In einem stilleren Gemüt, einer anderen Art von Schönheit. Diese verborgen, verloren zu wissen, ist zu allen Zeiten schon der Dichter größtes Leid gewesen. Die Hand mit der Feder darin nach etwas auszustrecken, das bis dahin verborgen vor allem und jedem gewesen war, ist des Dichters Bedürfnis von der Stunde, da er seine Bestimmung erkennt.

Und eben solche Geschichten wusste er hier nun verloren. Unwiederbringlich verloren zwischen aller Pracht der Welt ...

Doch er würde diesen Ort nicht verlassen, ohne einmal noch, ein einziges Mal noch, seine Tinte mit der Geschichte einer weiteren Frau beseelt zu haben! Und sein Auge suchte, schweifte vom Mittag, da er erwachte, durch jene Schatzkammer der Sinnlichkeit, schweifte bis zum Abend und hatte doch noch keine Geschichte, die bedeutender gewesen wäre als jene, die er nicht verfassen würde.

Doch wie so aberfach zuvor spielte, kaum dass die Sonne ihr Zepter dem Mond anreichte, das Schicksal dem Dichter in die Hand.

Die Ankunft einer neuen Frau war es, die sich zu jener Stunde dort abspielte, und es war ein denkwürdiges Ereignis, eine Ankunft wie die keiner andren zuvor.

Die Vorbereitungen muteten sonderbar an; zwei Eunuchen trugen eherne Stangen und einen Amboss herbei. In einem fahrbaren Ofen fachte man ein Feuer an, in dem man das Eisen nebst stählernen Nieten erhitzte, um daraus schließlich einen Käfig zu fertigen, den man wie die Lager der Frauen mit Kissen und Decken kostbarster

Art bestückte. Allmählich sprach sich herum, wer sie war, die da kam, um in einem Käfig im Inneren des Harems zu weilen: Sie war das Geschenk eines ruhmreichen Heerführers aus dem Westen, der mit großen Verlusten eine Stadt von Amazonen bezwungen hatte. Doch nichts waren ihm die Schätze dieser Stadt gewesen, nichts ihre Häuser und nichts ihre Felder. Einzig die Herrin jener Amazonen, die er zu seinem Weib hatte machen wollen, war der Grund seines Feldzuges gewesen.

Doch auch da ihre Stadt in Trümmern war und ihre Kriegerinnen besiegt daniederlagen, beugte sie nicht das Knie vor ihm. Und er schickte sieben seiner besten Offiziere, seinen Antrag und Geschenke ihr zu überbringen. Jeden einzelnen mordete sie mit dem Schwert und gebärdete sich einer Furie gleich. Weitere zehn Mann fielen, bevor man sie in Ketten gezwungen hatte. Und es brauchte ein gutes Dutzend und ein halbes Jahr, bis der Heerführer gewahrte, dass diese stolze Frau eher alle seine Untertanen ermorden würde als die seine zu werden. Schweren Herzens beschloss er, jene Frau, die von außerordentlicher Schönheit und ebensolchem Stolz war, dem Sultan zum Geschenk zu machen, dass sie fortan, statt Männer zu morden, dessen Harem ziere.

Gekettet und in einem Wagen mit Gittern und eisernen Beschlägen ließ er sie ihm bringen. Und gleichwohl er im Angesicht der Amazone um seinen Harem bangte, war der Sultan begeistert und beschloss zum Schutze seiner Frauen und Diener, eben jenen Käfig zu errichten, den der Dichter nun schaute und in dessen Innerem man sie gefangen halten würde.

Kaum dass die Gitter standen und man den Käfig mit prächtigen Kissen und Tüchern versehen hatte, da brachte man sie. An Händen und Füßen gekettet, einen Knebel im Mund und in den Augen lohende Wut, führten drei bewaffnete Eunuchen sie nun zu ihrer neuen Heimstatt.

Und man sperrte sie ein, die Herrin der Kriegerinnen, zwischen jenen anderen Frauen, die den Krieg nicht kannten.

Und ihr Käfig war ein seltsamer Anblick, ihre Schönheit anders anzusehen und mit einer eigentümlichen Art von Gefährlichkeit gepaart. Sie war Frau und Stolz und Kraft und trug nicht Schmuck noch Rosenwasser auf der Haut.

Mit langen Zangen reichte man ihr das Essen in den Käfig und fürchtete ihren Zorn und ihre Blicke.

Niemand wagte sich an sie heran, und der Sultan selbst schien zu hoffen, dass mit der Zeit jene Löwin ihre Zähne verlor und ihre Pranken erlahmten ...

Dort saß sie in ihrem Käfig, bestaunt und gefürchtet, Frau unter Frauen, Falke unter Tauben.

Und während die Schatten wuchsen, die Feuer schwanden und die Tauben in ihren Käfigen zur Ruhe sich legten, saß sie aufrecht. Kein Geräusch, keine Bewegung schien ihr zu entgehen. Sie war bereit. Was immer auch kommen mochte. Und selbst als alle Geräusche des Palastes und der Stadt verklungen waren und die Nacht sich zu den anderen gelegt hatte, brannten ihre Augen einer grimmen Warnung gleich im Dunkeln. Und eben diese Augen waren es, aus denen der Dichter im Schatten bald ihre Geschichte zu lesen vermochte:

Königin von Frauen, die der Kampf geformt hatte, Herrin einer Stadt von Kriegerinnen, sprach man von ihrem Ruhm in allen Teilen der Welt, und die unbesiegte Stadt der streitbaren Frauen war Ziel zahlloser Träume mächtiger Heerführer.

Diese Mauern zu brechen, diese schönen Knie zu beugen, zogen im Laufe der Jahre von jedem der bekannten Kontinente Generäle aus.

Sie alle aber wurden mitsamt ihren Armeen zu Staub zerrieben weit vor den Mauern der Stadt.

Denn ohnegleichen war die Kriegskunst der Frauen und unbezwingbar schienen ihre Mauern.

In sinnlosen Kriegen fielen die tapfersten Söhne der ruhmreichsten Städte durch die Hände der Töchter des Mars und vor dem Stadttor der Amazonen reihte sich Schlachtfeld an Schlachtfeld.

Niemand hatte je ihre Herrin gesehen, doch besitzen wollte sie jeder, der glaubte seine Bestimmung im Krieg gefunden zu haben.

Sie war das Symbol der hoffnungslosen Schlacht.

Und doch war sie, was immer sie war, am Ende blutroter Schlachten noch immer eine Frau. Um diesen Punkt, durch den jederzeit eine tödliche Lanze ihr Herz finden konnte, wusste sie wohl. Und eben jenen verwundbaren Punkt mit blankem Schilde schützen zu wollen, sollte ihr zum Verhängnis werden …

Ein weiterer Heerführer war gekommen, dessen wogendes Heer an der Mauer der Amazonen zerbrechen sollte. Fünf lange Tage tobte die Schlacht, kürzer als die meisten.

Die fremden Soldaten fielen im Sturm, ein Drittel rieben die Pfeile auf, ein nächstes die Reiterinnen und das letzte fiel an der Mauer.

Der Tod ihres Führers war ehrenvoll, er starb durch die Hand einer Kriegerin von Rang.

Als die fremde Armee besiegt war, ritten die Frauen aus, des Gegners Heerlager einzunehmen.

Darin schlussendlich fand sich nicht viel, allein etwas doch: Die Truppe hatte einen Dichter mitgeführt, der ihren strahlenden Sieg hätte besingen sollen. Die Amazonen fanden ihn an seinem Schreibpult stehend und im Verfassen eines Aufsatzes über das versunkene Niniveh begriffen, eine Stadt, deren Ruhm und Glanz seit ehedem verloschen und deren Mauern geschleift bis auf den Grund waren.

Vom Ende Ninivehs wusste der Kriegerischen Herrin, von der Stadt selbst jedoch nichts.

Während man einen Soldaten wohl ermordet hätte, schlug man den Dichter in Ketten und warf ihn in den Kerker, derweil die Herrin der Amazonen zu lesen begann von einer Stadt, die nicht mehr war.

Und vor ihren Augen erstand von neuem Niniveh!

Aus dem Staub der Wüste schoben wie nie zerschlagen sich die Mauern empor. Im Sonnenlicht erglänzten die Dächer, und Leben füllte die Straßen, und prachtvoll stand in ihrem Geiste uneinnehmbar Niniveh.

Und die Königin der Amazonen gewahrte die Macht der Dichtung; die Macht, Verstorbenes unsterblich zu machen, den Lauf der Zeit und selbst die Wahrheit Lügen zu strafen, aus Worten Unauslöschliches zu schmieden. Denn so wie es auf jenem Pergament beschrieben stand, würde Niniveh, ob lang auch nicht mehr seiend, auf ewig doch sein in ihrem Kopf.

Im Kopf der Heldin wuchs ein Plan, die Feder des Dichters zu nutzen, die wunde Stelle ihres Panzers zu bedecken. Sie ließ ihn zu sich bringen. In ihr Gemach. An ihren Tisch. Sie selbst reichte ihm Wildbret und Wein und wusch ihm die Füße. Und dann trug sie ihm vor, was ihm, sein Leben zu retten, zu tun blieb: Er würde eine Geschichte schreiben müssen, die sie zu einer Fürstin machte, deren Herz einzig das Feuer des Krieges und die Kälte des Sieges kannte. Er würde ihrem Herzen aus Worten eine Rüstung schmieden. Einen undurchdringlichen Panzer, der sie selbst so uneinnehmbar wie ihre Stadt machte. Und diese Geschichte schließlich sollte er in die Welt hinaustragen, auf dass niemand, der sie vernahm, die Frau in der Kriegerin suchte.

Der Dichter versicherte ihr, dies zu vermögen und erbat sich drei Tage Zeit, seine Arbeit zu verrichten.

Als diese Zeit verstrichen war, las die Herrin ihre Geschichte und legte ihren Harnisch von Worten an. Des Dichters Geschichte erschien ihr vollkommen und würde zu eben dem Ziel gereichen, für das er sie ersonnen hatte.

Doch sollte eben das der Königin Verderben werden.

Gemäß ihrem Versprechen entließ man den Dichter. Und er zog von dannen, verschwand zwischen alten Legenden, ungeschriebenen Geschichten und vergessenen Worten …

Zwei Tage später las die Herrin der Amazonen des Dichters Geschichte zum zehnten Mal, und seltsam fühlte jener Panzer sich an, den er mit Worten um ihr Herz geschmiedet hatte. Und hier nun ruhte ihres Planes verborgene Tücke: Wenn es einem Dichter nämlich gelingt, eine Geschichte zu verfassen, die sich in den Kreis der vollkommenen fügt, so verbirgt sich immer ein Stück seines Herzens darin. Und sie hatte eine Geschichte sich erbeten, die wie eine Rüstung um ihr eigenes Herz geschmiedet war. So war ein Stück seines Herzens um das ihre gewunden.

Der Dichter hatte getan wie ihm geheißen. Doch mit jedem Schlag in ihrer Brust berührte das Fleisch ihres Herzens das des seinen. Sie konnte nicht aufhören, jene Geschichte zu lesen, und mehr und mehr beklemmte sie das gepanzerte Herz.

Am gleichen Tag noch schickte sie ein Dutzend Kriegerinnen aus, dass diese den Dichter fanden und in ihr Schlafgemach brachten. Am folgenden Tag schickte ein Dutzend sie aus, dass ihn finden und töten sollte. Die Unruhe in ihrem Inneren aber war lange nicht bezwungen! Ein weiteres Dutzend folgte mit wechselndem Auftrag dem nächsten und zweihundert Kriegerinnen in Waffen durchsuchten bald schon nach dem Verschollenen die Welt.

Gefunden wurde er nicht.

Doch wenig später fiel, geschwächt um zweihundert Schwerter, unter eines westlichen Heeres Ansturm, der Amazonen Stadt.

Als der Dichter ihre Geschichte beendete, wachte die Königin der Amazonen noch immer.

Immer wieder war es ihm während des Schreibens erschienen, als hätte sie hinter der Wand seine Anwesenheit erahnt, als hätte ihr Blick den seinen gekreuzt, als hätte sie das Kratzen seiner Feder vernommen. Das aber konnte nicht sein.

Und doch schloss sie, kaum dass seine Feder ihre Geschichte beendet, einen Moment lang die Augen und seufzte leise auf. Ein Falke im Käfig, der auf den Tod oder die Freiheit warten, niemals aber dienen würde ...

Lange betrachtete der Dichter im matten Licht seiner gedämpften Lampe das beschriebene Blatt.

Wie sehr bedauerte er, nicht den Rest seines Lebens hier unten, zu Füßen der Schönheit kniend, verbringen und ihr Chronist sein zu dürfen.

Das Schicksal aber pflegt die Dinge stets im rechten Maß zu fugen.

Die Frist des Fremden war vorüber.

Und auch des Dichters Geschichte musste, auch wenn sie nie wahrhaftig enden würde, nunmehr ein Ende finden.

Er setzte einen letzten Federstrich auf das dicht beschriebene Pergament, warf einen letzten wehmütigen Blick in den verbotenen Raum und begann dann sein Bündel zu schnüren.

Die Tinte hatte er beinahe geleert und die Feder war nahezu stumpf geworden, sein Gemüt aber war von der Ahnung erfüllt, eine Geschichte erschaffen zu haben, die es womöglich wahrhaft bis in den Kreis der Vollkommenheit schaffen konnte.

Geduckt machte er sich auf den Weg zurück durch den Gang. Und da erinnerte er sich an die Stimmen, die er vor kurzem aus seinem Versteck heraus vernommen, und von neuem erwachte in ihm die Angst, dass draußen seiner womöglich die Wache harrte. Die Angst aber verflog in der Gewissheit, dass er etwas geschaffen hatte, das, mochte es auch verboten sein, dabei doch so voll Zauber war, dass niemand es zu vernichten wagen würde!

Kaum, dass er das Dunkel des Ganges verließ, ergriff ihn die Wache des Sultans und aus dem höchsten aller Türme rief der Imam die Gläubigen zum Morgengebet ...

XI.
In Ketten

Der Hauptmann der Wache entriss dem Dichter den Beutel mit dem beschriebenen Pergament, der Geschichte der Frauen des Harems, das Zeugnis eines sinnlichen Vergehens, wie es größer kaum hätte sein können.

Diese Geschichte hätte ihn zu einem wohlhabenden Mann machen sollen und bis zum Ende seines Lebens hatte er sie in seinem Kopf bewahren wollen. Das aber war womöglich nicht mehr allzu lang.

Zwanzig Mann in Krummsäbeln und Lanzen führten ihn, ohne dass ein einziges Wort gefallen wäre, in Richtung des Kerkers.

Zum Mittag saß der Dichter in Ketten in seines Sultans Verlies. Zu seiner Rechten hockte einer, der hatte sieben Männer mit bloßen Händen erwürgt, während zu seiner Linken ein Dieb lag, den man vergangene Nacht vor des Sultans Schatzkammer aufgegriffen hatte.

Weit mehr Schurken noch hockten dort im Dämmerlicht des fensterlosen Raumes. Und mitten unter ihnen der Dichter. Einer von ihnen. Kaum mehr als ein Verbrecher unter Verbrechern, darauf harrend gerichtet zu werden.

Dieses Gefängnis war nun ein anderes als der Harem. Einrichtung und Insassen fehlte es an Pracht, die Ketten schnitten tiefer und die Speisen waren alles andere als erlesen. Zwar stellte der Dichter sich die bange Frage, wie lange man ihn in diesem Pfuhl der Schlechtigkeiten baden lassen und welchen Schuldspruch hernach fällen würde, doch wusste er zugleich, dass, weshalb auch all die anderen hier sein mochten, seine Untat die lohnendste gewesen war.

Er hatte die Schönheit selbst ihrem Gefängnis entrissen und auf seinen Worten hinaus in die Freiheit getragen!

Mochten sie ihn fortsperren, seine Geschichte wegschließen. Seine Feder hatte das Schloss zum eisernen Tor des Harems geöffnet!

Das jedoch nutzte ihm an diesem Ort freilich wenig. Und der Ort war es, an dem er diese Nacht verbringen würde. Ein Ort ohne Poesie, ein traumloses Gefängnis, dessen Insassen darauf harrten, durch den Freispruch oder das Schwert des Henkers von ihrer Gefangenschaft erlöst zu werden.

Der Dichter für seinen Teil hätte, wenn er denn gefragt worden wäre, den Freispruch gewählt. In diesem Moment aber blieb ihm lediglich die Wahl, ob er sich zum Schlafen lieber an einen Dieb oder einen Mörder anlehnen wollte. Da er keinem von beiden den Vorzug geben wollte und außerdem fürchtete, im Schlaf seiner Schuhe beraubt zu werden, beschloss er so lange wie nur möglich wach zu bleiben.

Schwer genug, wenn man bedachte, wie wenig Schlaf er in den vergangenen Nächten, während seines Ringens mit Schönheit und Tinte gehabt hatte.

Und so wurde er, während dieser, der womöglich schlimmsten Nacht seines Lebens, Zeuge von Gesprächen, die so grausam und böse waren, dass alle Poesie ihr lauschend sterben musste. Es war, als ob an diesem Ort ein einziges von Schönheit beseeltes Wort, kaum dass es den Mund verließ, von dunklen gekreischten Silben gepackt und in die Hölle der Dummheit und der Schrecken gerissen werden würde.

Diesen hier war die Sprache ein Fraß, und ein Gedicht hätten sie wohl weniger hingebungsvoll als einen Fluch hinabgeschlungen.

Selbst seine Flüche aber hätte der Dichter mit Poesie beseelt und hätte sich so diesen Männern als einer zu erkennen gegeben, dessen Sandalen man gefahrlos hätte stehlen können.

Darum beschloss er zu schweigen, finster dreinzuschauen und aus dem, was er hier hörte oder sah – wenn Allah es ihm vergönnte – zu gegebener Zeit eine wirklich schlimme Geschichte zu machen.

Bis sich jedoch herausstellte, ob er diese Möglichkeit jemals noch bekommen würde, musste er die Finsternis überleben, die diesen Ort und den Geist und die Träume seiner Bewohner beseelte.

Es verdarb ihn.

Zehrte von ihm.

Fraß seine Worte aus ihm heraus.

Es war ein hässliches Gefühl. Über jede Hölle hätte er zu schreiben vermocht, ohne irgendeinen Schaden davonzutragen. Aber seine Sinne waren zu fein, seine Fantasien zu zerbrechlich, als dass sie diese Gesellschaft unbeschadet hätten überstehen können. Jedes Gespräch hier wäre zu einer bösen Farce geraten und jedes Gedicht in den Abort des Übels gerissen worden.

Orte, an denen seine Kunst nicht zählte, waren ihm zuwider. Für gewöhnlich gelang es ihm, sie zu meiden. Dies jedoch war ein Ausnahmefall. Dieser Ort kostete ihn Kraft. Diese Menschen kosteten ihn Kraft.

Er war furchtbar müde, bemühte sich aber noch eine geschlagene Stunde, die finsteren Gestalten um sich herum genau zu betrachten und sich, um nicht aufzufallen, die Blicke von diesem, die Haltung von jenem anzueignen.

Dann schlief er ein.

Als die Palastwache ihn am folgenden Morgen weckte, hatte man ihm seine Schuhe gestohlen.

Barfuß und in Ketten führten die Wachen ihn durch den Palast, führten ihn durch Dutzende Gänge, um aberviele Ecken und durch zahllose Türen, bis sie ihn schließlich vor dem Thron des Sultans auf die Knie zwangen.

Der Herrscher war ein hagerer Mann mit schütterem Bart und ernstem Blick, der durchdringend auf dem Dichter lag, der ihn seinem gesenkten Haupt zum Trotz deutlich spürte.

Die Wachen hatten einen Schritt zurückgetan, so dass der Dichter in Ketten allein vor seinem Herrscher kniete.

Der Sultan funkelte ihn an, erhob sich von seinem Thron, verschränkte die Hände hinter dem Rücken und begann langsam, um den Angeklagten herumzuschreiten.

„Man sagt mir, du hättest es gewagt, dich an den Harem deines Herrn heranzuschleichen."

Oh, wie wenig wohl war da dem Dichter, als er hörte, was sein Herr ihm vorwarf. Der Vorwurf entsprach der Wahrheit, und in seinem Angesicht vermochte der Dichter nicht zu leugnen ...

„Man sagt, du hättest dich gar erdreistet, über den Harem zu schreiben."

Sie hatten seine Schriften gefunden, sie gelesen, seine Frevel waren dem Sultan ein offenes Buch, und tiefer senkte der Dichter in Erwartung seines Schuldspruches sein Haupt.

„Dir ist gewiss bekannt, dass ein Vergehen wie dieses allein auf eine Art geahndet werden kann."

Der Tod. Der Tod allein war die gerechte Strafe.

Das Gesetz ließ keinen Zweifel.

Diese Gewissheit aber veränderte den Dichter. In ihn kehrte ein Teil der Gewissheit zurück, dass das, was er getan hatte, kein wirkliches Unrecht gewesen war. Und so hob er den Kopf und blickte in Erwartung des Urteils seinem Sultan ins Angesicht.

Dem entging seine Veränderung nicht.

„Wisse, Dichter, dass vor diesem Thron viele schon zu vielem verurteilt wurden. Einige zeigten Reue. Andere taten zumindest als ob. Die wenigsten aber standen hinter ihren Verbrechen oder hießen sie gar recht."

Nun wagte der Dichter im Angesicht seines Herrn zum ersten Mal seinen Mund aufzutun: „Wenn Ihr gestattet, ehrwürdiger Sultan, mein Herr, Beherrscher der Gläubigen, möchte ich sprechen. Es ist wahr, dass ich mich den verbotenen Gemächern näherte. Auch dass ich auf meiner Feder meine Gedanken durch die Geschichten Eurer Frauen schweifen ließ, ist wahr. Beides mag Euren Gesetzen und denen Eurer Väter widersprechen. Ein Verbrechen aber, dessen bin ich mir gewiss, kann es nicht sein. Göttliche Wunder entriss ich der Vergänglichkeit und machte Sterbliches unsterblich, da ich es in Worte bannte. Dabei lohte nicht Lüsternheit noch Gier in mir, sondern einzig das hehre Feuer der Dichtung, in dem ich jene Geschichte beständig schmiedete."

Während die Palastwache noch die tolldreiste Frechheit des Gefangenen bestaunte, beugte der Sultan sich lächelnd zu ihm herab.

„Nun, Dichter, du sprichst von Beständigkeit. Das aber, was du dein Werk nennst, wird verbrannt werden und nichts als Asche wird davon bleiben. Dein Denkmal wird nichtig sein. Wie nie gewesen."

In die Runde seiner Wachen schauend sah der Sultan in jedem Auge Bestätigung. Allein, der Dichter hatte ihm noch etwas zu entgegnen:

„Was immer Ihr auch tun werdet, ehrwürdiger Sultan, diese Geschichte hat Bestand. Einer wird sie gelesen haben, um Euch zu erzählen, was sie ist. Dann werdet Ihr sie gelesen haben, um das Urteil des ersten zu bestätigen. Daraufhin wird einer Eurer Wesire sie gelesen haben, um sie zu prüfen. Und zuletzt wird der, der sie verbrennen soll, sie allein aus Neugier lesen. Unauslöschlich werden sich lodernd in all diesen Köpfen meine Worte mit dem Zauber jenes Ortes mischen. Jeden einzelnen dieser Männer werdet Ihr töten müssen, dass seine Zunge die Flamme nicht weiterträgt. Was immer auch stehen, was immer auch stürzen wird, dieses Denkmal, mein Herr, wird Bestand haben …"

Ein Augenblick lang schien der Sultan nachdenklich. Dann drehte er den Kopf, schaute kurz zum Anführer seiner Wachen hinüber und fuhr sichtlich erzürnt fort:

„Das wird sich noch erweisen. Was mich gegenwärtig mehr bewegt ist die Frage, ob du die Übeltat dir selbst ersonnen hast, oder aber sie im Auftrag eines anderen verübtest."

Er betrachtete den Dichter mit einem derart durchdringenden Blick, dass dieser geradezu erschrak. Es war beinahe so, als ob der Sultan von seinem Auftrag wusste, als ob er ahnte, dass da einer war, der ihn bezahlt und sich diese Geschichte erbeten hatte. Der Umstand aber, dass man ihm vor diesem Thron diese Frage stellte, bedeutete zumindest, dass sie den Fremden nicht gefangen hatten, und auch er würde ihn nicht verraten …

„Mein Wunsch und Wille allein, ehrwürdiger Herrscher der Gläubigen, brachten mich an jenen Ort und ließen mich tun, was ich tat. Und wollt einen Ihr mit Schuld beladen, so bin ich es. Niemand sonst."

Für einen kurzen Moment glaubte der Dichter in den Augen des Sultans beinahe etwas wie Respekt aufblitzen zu sehen. Dann aber wendete der Herrscher sich ab, verschränkte die Arme vor der Brust und trat, nachdenklich über seinen Bart streichend, ans Fenster.

„Du bist ein störrischer Mensch. Dein Vergehen ist offenbar, dem Schwert des Henkers bist du näher als der Freiheit, und dennoch kniest du hier vor mir und meinst, für deine Taten eher Lohn denn Strafe zu verdienen."

Die Wachen wechselten einige vielsagende Blicke. Sie wussten um die Strenge ihres Herrn, bekamen sie selbst oft genug zu spüren und hätten nicht um 1000 Dinar in der Haut des Dichters stecken wollen.

Wieder ließ der Sultan seinen Blick von einer Wache zur nächsten schweifen und wendete sich dann in einer großen Geste dem Gefangenen zu.

„Ich will dich lehren, was es heißt, sich gegen seinen Herrn zu vergehen! Und ich will dich lehren zu erkennen, was Recht von Unrecht unterscheidet!", rief er aus, und sprach dann zum Hauptmann seiner Wache:

„Gib mir deine Knute. Und dann lasst mich allein mit diesem Mann, auf dass ich ihm, bevor er seinen Kopf verliert, noch einen Vers über die Schuld auf seinen Rücken prügele."

Sich verneigend reichte der Hauptmann dem Sultan die Peitsche. Dann gab er den Wachen einen knappen Befehl, die daraufhin, während die schweren Tore von außen geschlossen wurden, den Gefangenen aufrichtig bedauernd, den Thronsaal verließen...

XII.
Des Dichters Tod

Kaum mit dem Sultan allein, schloss der Dichter in Erwartung der Peitsche die Augen. Statt aber dass ihm Schläge zuteilwurden, ergriff der Sultan seine gebundenen Hände und half ihm auf. Dann löste er seine Ketten, griff den Dichter bei den Schultern und blickte ihn schweigend an.

Dann umarmte er ihn innig.

Der Dichter wusste nicht, wie ihm geschah. Er hatte sich tot gewähnt, gefoltert durch die Schergen seines Sultans, und nun fand er sich an dessen Brust gedrückt. Auch die Worte des Sultans waren nicht die, die er erwartet hatte:

„Ich danke dir, mein Freund. Und wahrhaft, du sprichst recht: Du hast ein Denkmal aus Worten geschaffen. Aufrichtig will ich dir dafür danken!"

Herzlich und warm waren die Worte des Sultans, doch sein Gefangener stand still in der Umarmung seines Herrn, verstört, wie gelähmt und der Wirklichkeit misstrauend.

Der Herr gewahrte wohl die Verwirrung des Knechtes:

„Es tut mir leid, mein Freund, vor der Wache musste ich dich wie einen Verbrecher behandeln. Nun aber da wir allein sind, will ich dir statt Schlägen die zweite Hälfte deines Lohnes geben. Denn wahrlich, du hast sie verdient! Du brachtest mir, was ich erhoffte, mir ersehnte."

Er ließ den Dichter los, ging zu einer verzierten Truhe hinüber, öffnete sie und entnahm ihr einen ledernen Beutel. Dieser war nun das genaue Ebenbild des Beutels, den der Fremde dem Dichter zur Anzahlung verehrt hatte. Und als der Sultan ihn dem Dichter reichte, begann dieser zu begreifen: Der Siegelring, den der Sultan an der Rechten trug, hatte die gleiche Form wie ihn der Schatten auf dem Ringfinger des Fremden gehabt hatte!

Und sogar die Augen des Sultans, beschaute er sie genau, schienen denen des Fremden zu ähneln.

Sein Begreifen gewahrte nun auch der Sultan.

„Du siehst recht, mein Freund. Ich war es, der dich aufsuchte. Ich verkleidete mich, klebte einen falschen Bart mir an und stopfte mir

Kissen unter das Wams. Ich selbst beauftragte dich, diese Geschichte zu schreiben, die den Törichten stets ein Verbrechen scheinen wird. Und du hast sie tatsächlich geschrieben. Dieses Gold wird meinen Dank kaum aufwiegen können."

Er drückte dem staunenden Dichter den Beutel in die Hand. Und dieser stand dort und starrte ihn staunend an.

„Aber ... warum?"

„Um zu verstehen, mein Freund, um zu verstehen. Weißt du, ich hatte einst einen sehr weisen Großwesir, den ehrwürdigen Hamsa bin Saik, der bereits meinen Vater beraten hatte und der, da er in meine Dienste trat, schon sehr alt war. Der alte Hamsa war mir stets wie ein Vater, riet niemals mir schlecht und war mir und dem Land stets ein Freund."

Während er sprach, führte der Sultan den Dichter zu einem Lager unter den Fenstern hinüber und bat ihn dort Platz zu nehmen.

„Es kam ein Abend, da ich und der ehrwürdige Hamsa über die Liebe sprachen. Über die Liebe und die Frauen, und er, dessen Leben ein Quell schillernder Erfahrung war, offenbarte mir die Tragik, welche die Männer mit den Frauen verbindet: Es ist uns, wenn wir jung sind und ihre Nähe suchen, nicht gegeben, die Frauen zu verstehen. Dann aber, wenn wir alt sind, und es uns kaum noch nutzt, beginnen wir sie zu begreifen ... Dies waren die Worte meines engsten Beraters. Eine Woche später verstarb er. Und auf seinem Totenbett noch riet er mir, ich solle, wenn ich glücklich werden wollte, lernen die Frauen zu verstehen. Und suchte wahrhaftig ich das Glück, kein Gesetz und keine Regel dürfe mich davon abhalten."

Mit ernstem Blick griff der Sultan nach einem silbernen Kännchen, reichte dem Dichter eine Tasse und schenkte ihm ein.

„Verstehst du? Ich bin Herr dieses Harems, von dessen Schönheit man flüstert in der Welt. Doch keine seiner Frauen kenne ich wirklich. Sie alle sind erzogen, mir zu dienen, mir untertan zu sein. Jeden Schleier heben sie vor mir, jeden, bis auf den, der ihr wahres Selbst vor mir verbirgt. Und so brauchte ich einen Verbündeten, der sie so schaute wie sie waren, der ihr wahres Wesen in Worte wie in kostbaren Bernstein schloss."

Der Dichter verstand. Welch eine Aufgabe! Er hatte seine Geschichte nicht nur geschrieben, dass sie in die Mitte der Vollkommenen einging, sondern auch dass sie dem höchsten aller Herren die Augen öffnete! Der Stolz aber, der ihn bei diesem Gedanken erfüllte, beantwortete doch nicht die Fragen, die blieben.

„Mein Herr, ich verstehe all das und schätze es hoch. Auch ich bin dankbar, dass ich es war, den Ihr erwähltet. Aber sagt mir bitte: Weshalb habt Ihr Eure Wachen vor dem Gang postiert, weshalb mich festnehmen lassen?"

Der Sultan nahm selbst einen Schluck Kaffee, hob den Kopf und funkelte den Dichter an:

„Das mein Freund, ist der seltsame Teil der Geschichte. Ob ich es auch nicht gerne tat, mir blieb keine Wahl. Und ich will dir erzählen weshalb: Niemand hier wusste um jenen Gang, in dem du dich versecktest. Nicht ich, noch einer meiner Diener. Und so wie niemand wusste, wo er sich befand, wusste auch niemand, weshalb. Bis uns vor zwei Tagen einer der Aufständischen in die Hände fiel, die mich, mit meinem Bruder an der Spitze, zu stürzen gedachten. Dieser Mann erzählte uns, sie hätten eine Truppe von hundert Mann und sogar einen Weg, sie ungesehen in den Palast zu bringen! Dabei handele es sich um einen geheimen Gang, den sie während des letzten Jahres gegraben hatten und der bis unter den Harem führte."

Staunend erkannte der Dichter, welchem Zweck jener geheime Gang eigentlich hätte dienen sollen. „Eben dies, mein Freund, war dein Versteck. Nun aber will ich dir verraten, was das Wundersamste ist an dieser Geschichte: Vor vier Tagen nämlich wollten die Aufständischen heimlich in den Palast eindringen, um mich zu ermorden. Als aber die ersten hinab in jenen Gang gestiegen waren, da sahen sie zu ihrem Entsetzen Licht an seinem Ende. Das Licht einer Lampe! Und die Aufständischen wähnten sich entdeckt, glaubten, dass am Ende des Ganges die Palastwache darauf wartete, sie niederzustrecken. Diese Nachricht machte schnell die Runde, drang von einem zum anderen, und die Armee der Aufständischen floh in alle Himmelsrichtungen."

Dies war fürwahr eine unglaubliche Geschichte!

„Du hast, mein Freund, ohne es zu wissen, meinen Sturz abgewendet. Da aber jener, den wir fingen, uns von diesem Gang erzählte, und dass sie darin ein Licht gesehen hatten, wussten nun auch wir, dass dort unten jemand war. Kaum dass die Palastwache sich nun am Morgen um den Eingang postiert hatte, verließest du dein Versteck, um unserer Verabredung nachzukommen. Was hätte ich tun sollen? Ihnen sagen, dass ich selbst dich angehalten hatte, meine eigenen Gesetze zu brechen? Dass ich bereit war, mich über jede Tradition hinwegzusetzen, um die Wahrheit über meine Frauen zu erfahren? Nein. Nichts davon. Denn was die Aufständischen nicht vermocht hatten, hätte dieses Geständnis vermocht. Und so ließ ich dich vor mich bringen und lasse dich nun meinen gerechten Zorn spüren, bevor ich dich dem Henker überantworte."

Lächelnd hob der Sultan die Peitsche. „Das ist die Art, wie sie denken. Von Zeit zu Zeit muss ich ihr gerecht werden. Wir werden also einen Weg finden müssen, dich gleichsam für deinen Frevel zu bestrafen und für deine Arbeit zu belohnen."

„Mein Herr, ich für meinen Teil schulde Euch den Dank eines Dichters. Gewogen gegen Gold zählt dieser kaum. Doch wägt Ihr dagegen die Zukunft, ihre Worte und Geschichten, und jeden der sie zu lesen vermag, so hat mein Dank Bedeutung. Ich habe Euch mein Epos zu danken und Träume von Frauen, welche die wenigsten Sterblichen je sahen ..."

„Genug, mein Freund. Glaube mir, dein Lohn ist weit geringer als das, was du verdienst. Du hast meinen Thron gerettet, meines Harems Schönheit vor der Vergänglichkeit bewahrt und zuletzt noch etwas geschaffen, das bleiben wird, selbst wenn unser Reich zerfallen und vergessen ist und die Harems seiner Herrscher bloß noch Erinnerung sind. Dein Dank, mein Freund, wird stets im Schatten des meinen ruhen."

Und als der Sultan dieses sagte, glaubte der Dichter Tränen in seinen Augen schimmern zu sehen. Da aber wendete der Herrscher sich schon wieder ab und öffnete eine weitere Truhe.

„Damit alle dich nun gerecht behandelt wähnen, wirst du deine Kleider ablegen müssen."

Der Dichter glaubte, die Worte seines Herrn nicht recht vernommen zu haben. Als dieser aber der Truhe ein Gewand entnahm, begann er zu begreifen. Er erkannte es sofort. Es war die Verkleidung, in welcher der Sultan ihn zwei Wochen zuvor besucht hatte ...

Nach dem Gewand zog er Turban und Bart hervor, dann war das Kostüm komplett.

Ohne weiter zu fragen, legte der Dichter seine Kleider ab und schlüpfte hinein. Mit einem Kissen füllten sie den Bauch, klebten den mächtigen Bart an und setzten dem verwandelten Dichter schlussendlich noch den wuchtigen Turban auf das Haupt.

Das Gefühl, diese Kleider zu tragen und in die Rolle seines eigenen Auftraggebers zu schlüpfen, war sonderbar. Der Dichter fühlte sich seltsam. Dann band der Sultan ihm die Börse mit der zweiten Hälfte seines Lohnes an den Gürtel und eilte zur gegenüberliegenden Wand, wo er mit einigen Handgriffen eine in der Täfelung verborgene Tür öffnete.

„Dies, mein Freund, ist dein Weg in die Freiheit. Und auf dass alle erfahren, wie es sich zugetragen hat, werde ich deine Kleider auslegen, sie anbrennen und behaupten, dass dich, während du meine Peitsche schmecktest, ein Blitz, die gerechte Strafe des Einen, getroffen hätte und nichts als dies von dir geblieben wäre. Ihnen wird es genügen. Denn sprechen Wunderkräfte Recht ist der Gläubige zufrieden."

Der Dichter trat in die Öffnung des geheimen Ganges, dann wandte er sich noch einmal dem Sultan zu.

„Aber verratet mir eines noch, mein Herr. Was werdet Ihr tun mit dem Wissen über das wahre Wesen Eurer Frauen?"

„Alles, mein Freund, vermag mit seinem Wissen der Wissende zu tun. Die Zeit aber wird den größten Teil dieser Verantwortung mir nehmen. Das neue Jahrhundert bedeutet das Ende unserer Traditionen, alles ist in Auflösung begriffen, und kann ich den Traditionen auch nicht zuwiderhandeln, wird doch das Ende des Harems auch die Freiheit meiner Frauen bedeuten ..."

Der Dichter verstand. Er nickte dem Sultan kurz zu, die beiden Männer umarmten einander kurz, und dann verschwand der

Dichter im Dunkel jenes Ganges, der ihn aus dem Palast herausführen würde.

Ein gutes halbes Jahr noch sprach man von dem anmaßenden Dichter, dessen Freveltat durch göttlichen Zorn gesühnt und der in den Gemächern des Sultans von einem Blitz erschlagen worden war. Der Dichter selbst träumte unterdessen noch immer von den Frauen des Harems.

Zwei Jahre nachdem der Blitz ihn erschlagen hatte, vollendete er schließlich sein Epos, das er niemand geringerem als seinem Sultan widmete.

Über den Autor

Christian von Aster, Jahrgang 1973, gilt als Genregrenzensaboteur und betätigt sich nach einem ebenso lang zurückliegenden wie beherzt abgebrochenen Kunst- und Germanistikstudium vornehmlich als Autor und Geschichtenerzähler.

Zwischen Phantastik, Kinderbüchern und Satire hat er Bücher in zahlreichen Verlagen von Klett-Cotta bis Heyne veröffentlicht, inzwischen verschiedene Nominierungen und Preise von Literatur bis Kurzfilm zu verzeichnen und genießt aufgrund der ihm entgegengebrachten Wertschätzung das Privileg, sich und sein Schaffen immer wieder neu erfinden zu dürfen und bisweilen sehr eigenwillige Dinge tun zu können.

Außerdem dankt der Autor neben jener, die ihn besser macht, auch noch Frau Scherhaufer, Frau Elei, Herrn Dahms, Herrn Bergt und Herrn Körner, die maßgeblich zum Gelingen seiner diversen Abenteuer beizutragen pflegen.

Wagen Sie gern, sich zu interessieren:
www.patreon.com/vonaster